민족통일학

- 발전의 변증법으로 -

노태구 편저

부 코

www.booko.kr

목 차

민족통일학

- 발전의 변증법으로 -

노태구 편저자 약력

학력: 부산고등학교 졸업
고려대학교 법학과 졸업
고려대 대학원 정치외교학과 석사
고려대 대학원 정치외교학과 박사
서울대 대학원 사회교육학 석사
중국 중앙민족대학교 민족학 박사

경력: 경기대학교 사회과학대학 학장
경기대 평교수협의회 회장
경기대 명예교수
민족사상연구소 소장
민족통일학회 회장

중국 대외경제무역대학 교환교수
러시아 블라디보스토크 극동대학 교환교수
영국 옥스포드대학교 연구교수
미국 죠지와싱톤대학교 연구교수

천도교 수명포(受命包) 도정, 직접도훈
동민회(동학민족통일회) 공동의장
동학학회 설립자
동학마당 상임대표

저서: 『한국정치학의 토착화』 (백산서당, 2006)
『왜 이념당(천도교 청우당) 건설인가?』 (민족사상연구소, 2012)
『통일과 인간중심의 정치학』 (부코, 2020) 등

서 문: 한국민족주의로 통일교육을

1948년 제헌헌법 제정당시, 조선인민의 자치능력을 인정하면 공산당이 권력을 장악할 수 있다는 미국의 판단으로 국민발의권을 배재한 헌법체제가 지금까지 이어져 오고 있다. 현하 미·중은 총성없는 전쟁을 하고 있다. 한반도 운전자의 역할을 다할 수 있는 최적의 시기이다. 중재자, 조정자는 통일 자주적 민족국가 수립을 위한 민족주의의 이해가 요긴하다.

이런 의미에서 그 연구방법은 논쟁과 분석을 두고 기존의 이론이나 희망뿐 만이 아니라 국제정치에서 나타나고 있는 현실과 실천적 관점에서 출발해야 한다. 민족주의 자체는 중립적으로 다른 사상, 이념과 쉽게 결합할 수 있다. 민족주의는 어떤 사상과 이념, 정치체제와 결합하느냐에 따라 순기능과 역기능을 가지게 된다. 제국주의 시대는 자주적 독립국가 건설의 이념적 기반이 되었다.

민족주의는 21C에도 여전히 '역사의 보편가치'로서 전 지구적으로 다양한 형태로 변신하며 영향력을 발휘하고 있다. 더구나 75년 동안 지속되고 있는 한반도의 계급모순의 분단체제가, 배달겨레의 '하나의 민족(의식)'일 수밖에 없는 상황에서는 더욱 그러하다. 인간중심의 세계관을 기반으로 한 한국민족주의라는 '민족통일학'이 주목을 받게 되는 이유이다.

코로나19 이후로는 민족주의가 더 중요한 게임의 법칙이 될 것이라는 전망이 나오고 있다. 작금의 미국의 고립주의는 '세계화시대의 종언'이라고까지 규정된다. 그런데도 흥미로운 것은 한국 내에서는 통일을 위해서는 민족주의적 접근이 요청되는데도 정작 민족주의 담론은 드물다는 것이다.

그동안 우리는 강인한 민족정신, 훌륭한 국토, 산업능력을 갖추어 빠르게 성장하고 사회 안정을 이루었다. 폭력적인 분단체제를 극복하고 자주적으로 평등한 통일을 지향하며 완전독립을 외쳐왔다. 그리고 우리는 오늘 세계 유일의 분단국가의 모순에서도 현실에 굴하지 않고 세계적인 강국으로 성장하였다. 그러나 광복절의 광화문광장을 바라보노라면 일제 잔재와 6·25냉전으로 인한 과거의 상처가 아물지 않아 아직도 자신을 비하하고 좌우의 한쪽 면만을 전부라고 주장하며 왜곡된 역사관으로 감성적 상황이 벌어지고 있다. 한민족에게 정의는 없는 것인가? 광복 75주년에 우리가 진정으로 깨달아야 할 교훈은 무엇일까?

국제관계, 국제정치에서는 동서고금을 막론하고 착한 외세는 존재하지 않는다는 것이다. 영원한 우방도 영원한 적도 없다고 영국의 파마스턴 수상이 1848년 하원연설에서 설파하였다. 그러나 국가이익은 영원하기 때문에 국가이익을 추구하는 것은 우리의 의무이다. 민족통합으로 완전 독립을 이루기 위해서는 민족주의의 정치 이념이 요구된다. 민족주의 이데올로기가 인류공동체건설에 기여하는 보편이론과 실천지침을 제시하는 것이 중요하다. "민족이란 인류역사발전에 공속의식과 민족의식에 따라 결합된 정치단위의 사회 역사적 실체"이다. 애족사상, 민족정신의 주관적 요소에 의해, 정체성(동질성, 일체성)이 보장됨으로써 비로소 완벽한 민족이 생성되는 것이다. 민족혼의 지향은 필연적으로 민족주의 이념으로 발전하게 된다.

진정한 민족주의는 민족의 발전을 통해 타자와의 공생공영을 도모하는 이념이며 태도이다. 서양의 폐쇄적 배타적 민족주의와는 달리 한국민족주의는 남과 북이 민족주의에 기초해 합의통일을 모색해 나아가는 자유롭고도 민주적인 사회동포적 애국주의(cosmopolitan patriotism)이다. 자유가 없는 민주는 독재이고 민주가 없는 자유는 무법천지이다. 여기에 인권을 더하는 것이다. 구밀복검(口蜜腹劍: 입에는 꿀을 바르고 뱃속에는 칼을 품고, 즉 말로는 친한 듯 하면서 속으로는 해칠 생각이 있음) 무리의 얘기이다, 지부작족(知斧斫足: 믿는 도끼에 발등 찍힌다, 즉 믿는 사람에게서 배신을 당함을 비유)이 되지 않도록 중심을 잡고 자비로움과 영명함이 균형을 이루는 지도력을 발휘해가야 한다.

이제 우리는 남남갈등을 극복하여 남북이 더불어 잘 사는 상생협력의 시대를 추동해가야 한다. 남북한 동포가 서로 문호를 열고 단합하여 한반도 평화통일을 통해 주체적 역량으로 위대한 미래를 설계해나가야 하겠다. 남북통일을 위한 비전과 실천방안을 제시함으로써 자주·평화·민족대단결의 정신으로 통일원칙을 실현해나가는 계기를 마련해야 한다.

민족통일을 달성하게 되면 그간의 세력균형정책에서 벗어나게 됨으로써 주변 국가 모두에게 이익을 보장받게 되어 우리 한민족의 역사를 새롭게 바꿀 수 있을 것이다. 때가 되면 저절로 꽃이 피고 열매가 맺고 철부지가 철이 들듯이 이제 대한민족의 평화통일은 거역할 수 없는 우리 민족의 사명이자 天命이다. 갈라진 우리 민족이 다시 하나가 되어 세계 속에 한민족의 얼을 찬란하게 꽃피워야 한다.

작금의 한국은 미·중 러브콜의 딜레마와 축복 사이에서 고민하고 있다. 실리외교를 한답시고 원칙 없는 눈치외교가 아니라, 이제는 자율적으로 선택할 수 있는 선진국가가 된 이상 등거리 중립외교로 해결해가야 한다. 그런데 이 등거리 중립외교는 우리 스스로의 의지로 정책을 선택하여 행동하는 민족주의의 영세중립이나 비동맹을 선언한 국가가 아니면 불가능한 일이다.

지금이야말로 돈도 자주독립도 빼앗기는 사대굴욕의 동맹외교에서 벗어나 남북한 공동의 한반도 중립화를 추진할 수 있는 호기이다. 원칙 없는 실리외교는 순간의 곤란은 넘어갈 수 있지만 영원히 위기를 회피할 수 없다. 당당히 대의명분을 가진 G11의 일원으로 자리매김할 수 있는 축복의 외교로 만들어가야 한다. 광해군이 명·청 사이에서 취했던 외교방식이 생각난다.

다시 말해 포스트 코로나의 미중 신 냉전 격돌을 두고 "한반도 문제는 남북이 자주적으로 해결한다"는 원칙을 가지고 자강에 기반한 적극적으로 실리와 명분의 외교를 추구할 필요가 있다. 세계의 지성들이 이제는 다자주의를 넘어 세계질서를 주도한 국가들이 약화되고 각자도생하는 민족주의적 자주외교의 성곽도시의 시대를 맞이하고 있다고 한다. 한국은 더 이상 전략적 모호성이란 동맹외교를 넘어 외교의 다극화로 나아가야 한다. 정치 외교의 다극화와 경제 무역의 다자주의는 다르다.

민족주의의 발흥으로 인한 분쟁을 해결하기 위한 해법으로 다자주의적 접근이 강조된다. 세계화·지구적 문명을 향해 탈민족(주의)을 말한다. 경제 지구화는 여전히 역사적 흐름이고 각 나라가 분업 협력하고 상호이익을 내자는 것이다. 중국은 한국과의 단결과 협력을 강화하는 다자주의와 자유무역을 강조하고 있다.

한국은 당분간 한미의 동맹의 틀을 깰 수는 없겠지만 미국의 반 중국 도발에 가세해서는 득볼게 없다. 군사·금융대국과 생산대국 사이에서 다극적인 국제질서의 출현으로 귀결될 가능성이 높다. 미중의 편가르기 압박에 휩쓸리지 않으면서 한반도 평화와 번영을 진전시킬 전략을 짜야 한다. 따라서 다극주의에 잘 적응하기 위해서는 한 쪽에 대한 맹목적인 '충성'이라기보다는 다국 간의 호혜관계, 그리고 가급적이면 모든 국제관계에서 대외의존도 줄이기다.

사실 다가올 세계판도에서 남북협력의 강화는 남북양쪽에 최선의 선택이 될 것이다. 남북협력을 통해 북쪽이 대 중국 경제 의존도를 줄이고, 남쪽이 대미 군사의존도를 줄이면 남북양쪽이 새로운 국제질서에의 안착에 크게 도움이 될 것이다. 그래서 미국의 반발을 사게 되더라도 남북협력을 현재보다 더 과감하게 추진할 필요가 있다. 이리하여 남북은 군사적 대립을 피하고 이념적 정통성 주장의 대립을 지양하고, 양측이 민족주의에 의한 중립화 정치노선을 표방하는 것이다. 이익공동체, 책임공동체, 운명공동체를 만들어 새로운 시대의 화려한 장을 함께 열어가야 한다.

한국이 직면하고 있는 특수한 분단 상황 하에서는 민족주의는 합의통일의 기반이 될 수 있다. 이것이 한국민족주의의 '진화통일론'이다. 지금까지의 불완전한 통일론을 완전통일론으로 발전시키는 것이다. 진화통일론에는 민족주의적 합의통일을 달성해가기 위해 민족주의의 3대 근본속성인 연대의식, 민족수호의지, 발전지향성 등을 통일담론의 철학적 기조로 삼고 있다.

한반도 평화체제 구축의 중립화는 자강의 가치를 깊이 내면화한 남북한 민중의 자각에서부터 출발되어질 것이다. 한반도의 통일은 남북 정권의 상호 인정으로 평화체제를 구축하여 동북아와 세계 인간공동체의 영구 번영의 새 질서를 열어갈 것이다. 남북한 민중과 지도자들은 평화를 갈구하는 세계인민들의 지원에 바탕하여 한반도 영세중립화 꿈을 달성할 때까지 인내심을 가지고 부단히 전개해나가야 한다. 따라서 이를 위해서는 한국민족주의의 통일담론을 철학적 기조로 논의되어야 한다. 본고에서는 그 내용(contents)으로 인간중심정치철학을 제시하고자 한다.

그리고 우리는 무엇보다도 인간중심정치철학에 기초한 시민의식교육과 민족정신교육의 일환으로 통일교육에 심혈을 기울려야 한다. 평화통일의 당위성을 교육·홍보를 통해 한국민족주의를 **대중화하고** 정치의식의 성숙을 위한 **정책화**, 국회를 통한 **제도화**를 추진해나가야 할 것이다. 민족주의와 전통의 가치를 지키는 건전한 보수 세력과 세계주의와 개혁을 주요시하는 합리적인 진보세력들이 변증법을 통한 상생·발전으로 나아갈 수 있도록 정치사상교육을 시작하여야 한다. 민족주의와 국제주의가 모순관계가 아니라 불가분의 관계이다.

대결과 적대의 냉전을 넘어 화해와 공존의 평화시대 설계를 주도할 탄탄한 철학과 새로운 이론화 작업(brain-storming)이 필요하다. 국제화 시대지만 문제해결의 주체는 어디까지나 민족의 당사자 자신들이라는 점이다. 중립국인 오스트리아, 핀란드, 스웨덴이 냉전 속에서도 평화와 번영을 누린 것처럼 싸움에 휘말리지 않는 자가 결국 최후의 승자가 되는 것이다. 동서고금의 철칙이다.

앞으로 '**인간중심정치철학과 평화통일학**'이라는 제목으로 민주주의 정치사상과 변증법적 **전략전술론 그리고 민주주의 이념당 건설**에 대해 차례로 **설명**해보고자 한다. 표제가 **'민족통일학: 발전의 변증법으로'**으로도 할 수 있겠다.

氷凍三尺非一日之寒(빙동삼척비일일지한: 3척의 얼음은 하루의 추위에 만들어지지 않는다. 인내심을 갖고 지혜를 발휘하여 대응해야 해결된다)
志不求易者成(지불구이자성: 안일을 추구하지 않는 사람은 뜻을 이룰 것이요)
事不避難者進(사불피난자진: 어려움을 피하지 않는 사람은 일을 이룰 것이다.)

2021 辛丑年 새해
方背 談園精舍에서

編者 識

제1부

인간중심정치철학으로 사상교육을

제1장
인간중심철학과 정치학

인간중심철학이란 것이 무엇인가? 정치철학은 인간중심철학의 원리를 적용한 것이기 때문에 인간중심철학이 무엇인가를 알아야 된다. 정확하게 인간중심철학이란 것은 인간의 운명 개척의 길을 밝혀주는 것을 철학의 임무로 삼고 있는 철학이다.

철학이란 무엇인가? 지금까지는 막연하게 세상 만물의 근본 원리를 규명하는 학문이라고 이야기하고, 자연과 인간사회의 공통적인 보편적인 원리를 밝히는 학문이라고도 하고, 희랍시대에는 지식을 사랑한다는 말로도 쓰였다.

인간중심철학은 인간의 운명개척의 길을 밝혀주는 철학이다. 인간의 운명개척의 길을 밝혀주는 것이 철학의 임무이다. 그러면 인간의 운명이란 무엇인가. 인간의 운명은 인간이 생존하며 발전해 나가는 과정이라고 말할 수 있다. 살면서 발전해 나가는 것, 생존하면서 발전하여 나가는 것이다.

발전이란 무엇인가? 발전이란 생존하는데 그보다 더 잘 살게 된다는 것이다. 그래서 인간의 운명개척의 길이란 인간이 살면서 더 잘 살아 나아가는 길을 밝혀주는 것이다.

그런데 **인간이 살면서 발전해나가는 것은** 무엇과의 관계에서 결정되는가? **세계와의 관계에서 결정된다.** 인간 밖에 있는 것은 무엇인가? 세계이다. 이와 같은 관계에서 인간의 운명이 결정된다. 그러므로 인간의 운명이 어떻게 결정되는 것인가를 알려면

첫째로, 세계가 도대체 무엇인가를 알아야 한다. 세계의 일반적(본질적)

특징이 무엇인가?

지금까지 이 문제를 비교적 철학을 학문체계로 했다는 사람들이 주로 취급했다. 세계란 무엇인가, 물질인가, 정신인가 이 문제를 가지고 동양이나 서양이나, 학자들이 다양하게 논의를 해 왔다. 인간 중심 철학에서는 이것이 필요 없는가? 필요가 있다.

둘째는 인간 자연(본래)의 본질적 특징이 무엇인가를 알아야 된다. 그런데 지금까지 인간이 어떤 본질적 특징을 갖고 있다는 것을 제대로 이야기 한 것이 없다. 세계와의 관계에서 인간이란 것이 무엇인가를 이야기 한 것이 없다. 만물의 영장이라던가, 신 다음에 가는 존재라던가, 이성적 존재라던가, 정치적 존재라던가 여러 가지 이야기를 했지만 도대체 무엇이 인간의 본질적 특징인가?

어떤 사람들은 개인을 인간이라고 봤다. 개인만을 인간으로 봤다. **생의 철학**이라던가 **실존주의**라던가 하는 것은 개인을 인간으로 보고서 그렇게 정의한 것이다.

그러나 인간은 개인만이 아니다. 개인적 존재이면서 집단적 존재로서, 세계와의 관계로 대할 때는 집단적으로서 대하게 된다. 사회적인 집단적 존재다.

그 본질적 특징은 무엇인가? 이것이 ①자주적으로 살려는 욕망이 있고, ②세계를 창조적으로 개조 할 수 있는 창조적 능력을 가지고 있고, ③서로 협력해서 보다 큰 힘을 가지고 작용 할 수 있는 사회적 협조의 힘을 가지고 있다.

그것을 이름 지어 두기를 **자주성, 창조성, 사회적 협조성,** 또 이러한 특성을 사회적 의식으로서 의식으로 작용하기 때문에 **의식성**이라고 하는 것을 하나 더 넣을 수 있다. 이것을 또 달리 말하게 되면 어떻게 되겠는가. **정신적 생명력, 물질적 생명력, 사회적 협조의 생명력** 등 3가지다. **자주성**

은 정신적 생명력이다. 자주적으로 살 것을 지향하는 정신적 생명력이다. **창조성**이란 물질적 힘인데 정신적 생명력하고 결합되어서 작용하는 것으로 결합되지 않고서는 창조적으로 작용 못한다. 정신적 생명력과 결합된 물질적 힘이다. 이것이 인간의 창조성 또는 창조적 힘이다. **사회적 협조의 힘**이라고 하는 것은 집단적 존재로서 가지는 생명력이다. 이것을 정신적 힘과 물질적 힘을 가지고 있는 생명을 가진 사람이 **사회적으로 결합됨으로써** 새로 발생하는 생명력이다. 이것이 사회적 협조의 생명력이다. 간단하게 말하면 **사회적 생명력**이라고 해도 되지만 자꾸 딴 개념하고 혼돈되기 때문에 **사회적 협조의 생명력**이라고 말한다.

간단하게 말하면 정신적 생명력과 물질적 생명력을 가지고 있는 사람들이 100명이 사회적으로 결합되게 되면, 매개인의 100배의 힘이 나오는 것이 아니라 1000배 10000배의 힘이 나온다. 질적으로 달라진다. 한 사람으로서는 개인의 일생으로 끝남으로 후대도 낳지 못하고, 그러나 이것이 결합되면 문제가 다르다. 남자와 여자가 결합되면 후대를 낳을 수 있다. 결합됨으로써 집단의 생명력을 가질 수 있다. 그러니 이것을 따로 사회적 협조의 생명력이라 할 수있다.

그러니까 인간중심의 철학은 인간 운명개척의 길을 밝히기 위해서는 세계가 무엇인가? 객관적 세계의 본질적 특징이 무엇인가? 이것을 영원히 연구해야 된다. 자연과학은 이것을 계속 연구하고 있고, 또 인간의 본질적 특징이 무엇인가 하는 것도 영원히 연구해야 된다. 인문과학을 통해 계속하여 사람은 발전하는 것이다. 사람의 집단이 사회이다. 사회는 영속적으로 발전하기 때문에 사회과학을 연구해야 한다.

세 번째 원리가 운명은 어떻게 규정되는가 하는 문제이다. 이는 세계와 인간과의 관계에서 규정된다. 즉 세계에서 차지하는 인간의 지위와 역할에 관한 원리다. 따라서 세계와 인간과의 관계에 관한 원리, 세계에서 인간이 어떤 지위를 찾아가고 어떤 역할을 하는가 하는 세계와 인간과의 관계에 관한 원리다. 이를테면 **민족의 아름다운 평화통일을 위하여 정치학을 실천적으로 개작하는 것이다.**

인간중심정치철학의 형성에는 이들 세 가지가 다 필요하다. ① 세계의 일반적 특징이 무엇인가. ② 인간의 본질적 특성이 무엇인가. ③ 세계와 인간과의 관계에서 본질적인 것은 무엇인가.

이 세 가지 원리가 합해져서 인간중심의 정치철학을 형성한다. 직접적으로 관련되는 것은 물론 세계에서 차지하는 인간의 지위와 역할에 관한 것, 다시 말해서 세계에서 차지하는 인간의 지위와 역할이 어떻게 높아져 나가는가 하는 과정을 밝히는 것이 인간중심철학의 기본 목표로 되는 셈이다. 이것을 이해하기 위해서는 부단히 객관세계에 대한 것을 연구하고, 부단히 인간의 본질적 특징이 어떻게 변화 발전하는가 하는 것을 연구하지 않으면 안 된다.

세상 만물의 근본원리가 무엇인가, 이것을 알아서 무엇 하는가, 이것을 아는 것은 역시 인간의 운명이 어떻게 되어 나가는가 하는 것을 알기 위해서 필요하지, 그 자체를 자꾸 이것이 무엇이다 하고 하는 것이 무슨 소용이 있는가 하는 것이다. 자꾸 유물론이다 관념론이다 하며 이야기해서 무슨 소용이 있는가? 다시 말해 세계의 본질적 특징이 무엇인가 하는 것은 인간의 운명개척의 견지에서 필요한 것이다.

우리의 인식 활동이라고 하는 것은 무엇이던지 인간의 운명 개척을 위해서 다 필요하다. 그것을 떠난 공리공담은 백해무익하다. 지금까지 철학이 계속 공리공담만 해왔다. 쓸데없는 논리만 가지고 이야기했다. 그래서 러시아의 니콜라이 황제는 철학이란 백해무익하다며, 대학에서 철학 강의를 금지하라 했다. 그래서 10월 혁명이 끝난 다음에 제정 러시아에는 철학관련 과목이 없었다. 갑자기 맑스주의 철학을 가르칠려고 하니까 할 수가 없어서, 철학과 3학년 학생들이 나가서 교수를 모아놓고 강의를 했다고 한다. 새로 철학 강좌를 시작한 것이다.

그러니 이런 철학 일반적인 공리공담을 하는 것들도 이 인간중심철학을 준비하는 단계에서는 필요하다. 그것을 모르고는 인간의 운명을 개척할 수 없기 때문에, 다시 말해서 비록 인간의 운명을 모르기 때문에 그것을 공부한 것이지만, 그 자체가 목적은 아니다. 그러니까 과거의 철학이 비교적 옳게 나간 철학과의 관계에서도, 인간중심 철학이 되기 위해서는 두 단계를 더 넘어야 된다.

과거는 객관세계의 본질적 특징이 무엇인가 하는 것을 철학 연구의 목적으로 세웠다면 그것만 가지고는 안 된다. 인간의 본질적 특징이 도대체 무엇인가 하는 것을 알아야 된다. 거기까지 전진해야 된다.

그 다음에 또 한 단계 전진하지 않으면 인간중심철학이 안 된다. 그것은 세계와 인간과의 관계가 무엇인가, 세계에서 차지하는 인간의 지위와 역할이 어떻게 변화되는가 하는 것을 알지 않으면 철학이 안 된다. 그러니까 과거의 철학을 옳게 공부해서 두 단계를 더 넘어야 된다.

아름다운 것이 무엇인가 하는 것도 인간의 운명개척을 위해서 필요하다. 아름다운 생활이 무엇인가 하는 것을 밝혀주고 사람들이 그 아름다운 생활을 위해서, 그것을 실현하기 위해서 투쟁하도록 이끌어주고, 고무해 주는 데에 연구의 가치가 있다. 그게 무슨 소용 있는가? 혼자서 아름답게 생각한다는 등은 한가한 사람들이 오락으로나 할 것이지, 학문의 목적으로는 될 수 없다.

모든 것은 인간의 운명개척의 길을 밝혀주는 것을 잣대로 해서 평가해야 된다. 그래서 이런 견지에서 유물론, 관념론, 사회역사관, 인생관, 변증법 등을 인내천(人乃天)적 세계관의 논리로 인간론을 중심으로 다시 개작하는 것이다.

그러면 **정치학**은 여기서 어떤 위치에 있는가. 인간의 운명을 개척하는데서 실천적으로 이끌어나가는 것이 **정치**다. 인간으로 말하면 집단을 관리하는 자기 관리 사업이 **정치**다. 개인은 개인의 뇌수가 개인의 행동을 관리 하는데, 집단, 사회적 집단으로 될 때는 **정치**가 이것을 관리한다. 이런 의미에서 볼 때 **인간중심철학**하고 **정치학**하고는 매우 가까운 관계에 있다. 이 **인간중심철학**이 인간이 어떻게 어떤 길을 따라서 발전할 것인가를 보여준다면, 현실적으로 매개사회에서 인간을 어떤 방향으로 끌고 나가는 것이 옳은가 하는 것을 밝혀주는 것이 **정치학**이다. 그래서 인간중심철학은 무엇보다 먼저 **정치철학**으로서 구현되어야 한다.

우리가 오늘 공부하는 목적도 어디에 있는가? 우리가 어떻게 해서 우리 민족의 운명을 개척해 나아갈 것인가, 우리민족을 어떻게 더 발전시킬 것인가, 보다 더 행복한 민족으로 만들 것인가, 그 집단의 한 성원으로서 자기 운명을 어떻게 민족의 운명과 결부시킬 것인가 하는 문제를 우리가 해명하기 위해서 공부를 시작하는 것이다.

우리는 개별적인 한 사람 한 사람이 자기의 생활을 가지고 있지만, 동시에 우리는 우리 **민족**이라고 하는, **국가**라고 하는 것에 한 성원이다. 민족의 운명, 국가의 운명과 개인의 운명을 어떻게 결부시켜서 나갈 것인가, 이것을 우리가 학습하는 과정에 똑똑히 인식해야 된다. 그것이 우리가 여기서 정치(철)학, 민주주의 정치(철)학을 공부하는 목적이 된다. 이 목적을 똑똑히 세우고 확신을 가지도록, **진지하게 주인답게 토론에 참가하고 꾸준히 공부하는 것이 필요하다.**

제2장
왜 인간을 중심으로 세상을 보는가?

우리는 '왜 인간을 중심으로 세상을 보아야 하는가?'를 고찰해 봄으로써 인간을 한울처럼 섬겨야 하는지를 쉽게 이해하게 될 수 있을 것이다. 시천주(侍天主), 사인여천(事人如天)사상의 근거이기도 하다.

세계관 정립을 두고 인간을 통해 세계를 보기 위해서는 인간의 존재를 다음과 같은 세 가지 특성으로 나누어 살펴 볼 수 있다.

첫째, 인간이 세상에서 가장 발전된 존재라는 것이다.

지금까지 생물학적 존재들, 말하자면 동물들은 모두 자연의 법칙에서 벗어나지 못했다. 그러나 인간은 다르다. 인간은 자연에 예속되어 순응하기보다는, 자연을 개척하여 스스로의 힘으로 자신의 운명을 개척해 나가는 존재이다. 세계를 이끄는 주인으로서 아직은 인간의 힘이 그리 크지는 못하지만 그래도 스스로의 힘으로 생존할 수 있게 되었다는 것은 매우 고무적인 일이 아닐 수 없다.

정신과 의식을 가진 인간보다 더 위대하고 발전된 존재가 없기 때문에 세상 만물 가운데서 우리가 신비화하고 숭상해야 할 것이란 인간 말고 그다지 없다고 본다. 이러한 사실에 대해서 우리의 인식을 보다 확고히 가져야 한다. 인간이 가장 진보적인 존재이고 인간이 세상의 주인이라는 사실을 우리가 인정하지 않는다면 이는 인간으로서 자존감을 확립하지 못한 것이기 때문이다.

그러므로 우리가 옛것을 소중히 여기는 것도 좋지만 유물론적인 현재의 축척된 지식과 기술을 더욱 발전시켜 나아가야 할 의무가 있다는 것을 결코 간과해서는 안되겠다.

그러면 우리는 오늘날 **세계관**으로서 유물론과 관념론의 대립을 어떻게하면 해결할 수 있을까? 이는 물질이 아닌 오직 인간에 중심에 두는 새로운 세계관이 나와야 문제를 해결할 수 있다고 본다. 왜냐하면 인간은 물질적(객관적)인 존재인 동시에 생명과 영혼을 가진 정신적(주관적) 존재이기 때문이다.

인간은 누구나 육체가 손상되면 살 수 없고 또 먹지 않고서는 살 수가 없다. 그러나 육체만 있다고 해서 사람이라고 할 수 없으며, 생명을 가져야 함과 동시에, 정신을 가져야 비로서 사람이라 이를 수 있는 것이다.

생명이나 정신은 주관적 속성이다. 하나의 존재이면서 동시에 주관성과 객관성을 같이 가지고 있는 존재가 바로 인간이다. 원자나 분자를 아무리 분석해보아도 정신이나 생명은 나오지 않는다. 그러나 인간을 분석을 할 때에 두 가지 관점에서 접근하게 되는데 이러한 측면에서 보아도 인간이 세상에서 가장 진보된 존재(최령자)이고 앞으로도 영원히 발전할 존재이다. 이것이 인간을 중심으로 세상를 보아야 하는 것이 인간존재의 첫 번째 특성이다.

둘째, 인간은 자연적 존재이자 사회적 존재라는 것이다.

인간은 자연적 존재인 동시에 사회적 존재이다. 또한 자연의 한 부분인 동시에 자연을 개조하고 발전시켜 나가는 자주적인 존재이며, 새로운 것을 창조해나가는 창조적인 존재이기도 하다. 자신의 생명력을 생물학적 육체에만 체현시키는 것이 아니라 모든 대상에 체현시키는 유일한 존재이다. 인간은 사회적 존재이고 객관화된 힘이 있기 때문에 지식과 기술을 대를 이어 계승하고 발전시켜 나가는 것이다.

상대적으로 동물들은 죽음과 동시에 개체가 지니고 있던 능력이 모두 소멸되고 만다. 이 때 아마도 몇 만분의 일 정도가 유전자를 통해 유전될 수 있겠지만, 축척된 지식과 기술을 후대에 물리는 효과적인 방법은 없다고 볼 수 있다.

반면에 인간은 문자와 기록을 통하여 지식과 기술을 후대에 물려주고 생을 마감한다. 그래서 인간은 위대한 것이다. 결국 인류의 발생으로 세상은 자연적 존재와 인간적 존재(사회적 존재)로 구분되어지고, 그동안 자연현상에 의해서 변화 발전되어왔던 세상은 인간에 의해 개발되고 발전되어 진다.

곧 사회적 존재의 주도적 역할에 의해 세상이 발전해 나가는 것이다. 그렇기 때문에 인류의 발생 이후의 세계는 단지 자연현상만을 잘 이해했다고 해서 세상을 제대로 알았다고 할 수는 없는 것이다. 인간에 대한 깊은 이해가 없이는 세계를 알았다고 말할 수 없는 것이다. 그런만큼 최령자로서의 인간은 올바른 세계관, 올바른 가치관을 가져야 하는 것이다. 인간은 사회적 존재이며 이러한 사회적 존재의 발생이 인간의 지위를 높이고 또 인간이 세계를 이끌어간다는 사명을 가지게 되므로, 우리는 인류의 발생이 우주의 변화발전에 획기적인 의의가 있음을 자각하고 더욱 성실한 자세로 삶에 임해야 할 것이다.

그리고 인간은 상호 협력문제에 있어 상호간 긴밀히 협조하면서 **물질적인 힘, 정신적인 힘, 사회 협조적인 힘**을 축적시키고 계승 발전시켜 나갈 수 있는 존재이다.

현대사회는 물질적인 발전에 비해서 사상적 수준이나 정치수준은 상대적으로 뒤떨어져 있다. 정치가 사회를 이끌고 나가야 하는데 오히려 정치가 사회발전 수준에 미치지 못하거나 사회발전의 발목을 잡는 경우가 허다하다.

사회적 존재의 우월성이란 주인의 지위로서 그 책임을 다할 때만이 성립된다. 주인으로서 책임은 다하지 못하면서 무언가를 요구한다면 발전은 있을 수 없는 것이다. 예를 들어 조선시대의 우리는 무엇을 했는가? 좀 더 빨리 서양의 발전된 문물을 받아들여야 하지 않았을까? 그렇다고 사대주의적으로 서양문물을 무조건 숭배하고 추종했어야 한다는 것은 아니다. 동서양의 장점을 선택적으로 수용하는 동도서기론(東道西器論: 동양의 전통적

제도와 사상을 道로 하고 서구의 근대 과학 기술을 器로 하자는 주장)에 좀 더 힘을 실어주었어야 하지 않았을까 한다.

셋째, 인간은 개인적 존재(개인주의)인 동시에 집단적 존재(집단주의)라는 것이다.

이것은 앞의 두 가지 예보다 현실적인 의의가 더 크다고 할 수 있다. 앞의 두 가지가 인간의 우월성을 강조한 것이라면 세번째 특징은 관계라는 측면에서 살펴보는 것으로 사회관계에서 중요한 기초가 되는 것은 개인적 존재뿐만이 아니라 집단적 존재라는 데에 있다. 이것이 모든 사회관계에서 기초를 이루고 있는 사항이다.

사회관계의 분석에 있어 **개인적 존재와 집단적 존재, 즉 개인주의와 집단주의 관계**를 어떻게 정립하는가 하는 것도 매우 중요하다 할 수 있다. 안타깝게도 지금까지 이 관계를 올바로 판단하지 못하여 어떤 경우에는 집단주의에 기울어지고, 또 어떤 경우에는 개인주의에 기울어져 온 것도 사실이다.

개인주의(자본주의)를 무시한 집단주의(사회주의)는 인류의 발전에 도움이 되지 않으며, 집단주의를 무시한 개인주의 역시 인류발전에 도움이 되지 않는 것이다. 그래서 경우에 따라 한번은 집단주의에 한번은 개인주의에 힘을 실어주는 과정에서 우리는 제3의 교훈을 얻게 되는데 개인주의의 장점과 집단주의의 장점을 결합 시켜야겠다는 결론에 도달한 것이 지금 우리가 주장하는 인간중심(人乃天)철학이다.

결과적으로 개인주의나 집단주의가 완전히 통일되기까지는 서로 조정하고 보완하는 진통의 시간들이 필요하리라 본다. 한번은 좌경으로 한번은 우경으로 방황하는 과정에서 잘못된 것이 무엇인지를 깨달아 그 차이를 점차 줄이고 결과적으로 개인주의의 장점과 집단주의의 장점을 결합시켜 나아가야 한다는 것이다.

개인주의의 장점이란 무엇인가. 그것은 개인들이 다양한 생명 에너지를 가지고 다양성을 **확대시키고 창조력을 키워나가는 것이다. 인간은 구성요소와 결합구조로 되어 있다고 볼 때, 구성요소**란 개개인을 말하는 것으로 개인들의 창의성을 비롯한 각각의 구성요소를 발전시키기 위해서는 **결합구조**인 집단의 통일성을 향상시켜야 한다고 본다.

인간중심의 인내천철학은 인간의 본성과 깊이 관련되어 있다. 따라서 개인의 생명 에너지의 다양성을 발전시켜야만 구성요소 또한 발전하게 되는 것이다. 그러나 구성요소만 독자적으로 발전하는 것도 바람직하다고 볼 수 없으며, **구성요소가 결합되어 상호 협력이 원활해질 수 있도록 집단주의적 협력관계 또한 발전시키지 않으면 안 된다.**

그래서 먼저 선행되어야 할 것은 개인주의의 장점을 충분히 살려나가야 한다는 것이다. 그러나 최종적으로는 집단주의와의 상보적 관계가 되어야 한다는 사실을 잊어서도 안 될 것이다. 이때 **결합구조에 관련된 부분은 정치가 담당해주어야 한다.** 자연개조와 인간개조가 구성요소를 발전시키는 측면이라면 사회 협조적 힘인 **정치**는 결합구조를 강화해나가는 것이다.

그래서 이러한 민족사의 당면과제인 민족의 평화통일을 해결하기 위해 우리는 세상을 인간을 중심으로 보는 데서 그 세계관적 해결책을 찾아야 하는 것이다. 따라서 인간의 세 가지 특징을 살펴보면서 특히 사회관계의 본질을 파악하는 데서는 인간은 개인적인 동시에 집단적 존재라는 것을 중심으로 보아야 한다. 이러한 부분에서는 동양이 서양보다 앞서 있다고 할 수 있다. 인간성을 두고 성선설(집단주의)과 성악설(개인주의)로 설명하고 있으며 통합의 중용·중도정치를 일찍부터 표방하여 오고 있었던 것이다.

성선설과 성악설은 의식적으로 인간이 개인적인 동시에 집단적 존재라는 것을 철학적으로 해명한 것은 아니다. 그러나 인간은 개인적인 동시에 집단적인 존재이기 때문에 개인적인 측면만 주장하게 되면 인간의 본성은 남을 위해서 희생하겠다는 선한 생각이 없이, 오직 개인의 이익만 생각하게 되므로 악하다고 평가하게 되는 것이다. 또 집단주의를 중심으로 할 때는 심청전을 들으면 모두 눈물을 흘리듯이 인간의 본성은 선하게 된다. 동양이 2천5백 년 전에 이미 성선설과 성악설을 주장한 것은 아주 높이 평가할 만하다.

일찍이 우리는 동학·천도교의 "인간을 한울처럼 섬기라"는 시천주(侍天主) 원리 속에 인간을 통해 세상을 보는 세계관, 인생관, 사회관을 확립하고 있었다는 사실을 알 수 있다. 따라서 이제 우리는 인내천사상을 한국민족주의(Koreanism)로 정치 이념화하여 민주주의 이념당을 건설하여 한민족의 정치발전과 평화통일을 이루는데 리더십을 발휘해나가야 하겠다.

제2부

인간중심정치철학의 평화통일학

제3장
민주주의 발전의 기본비결: 생명력의 강화를 위해

* 인간중심 민주주의 철학의 4가지 원리: 사랑(행복)의 원천으로

① 인간중심 정치철학의 정신(의식)이랄까 세계관은 '존재론'으로 **유물론과 유신론을 인간론**으로 통합하는 것이다.
② 인간은 **개인적 존재이자 집단적 존재로** 개인주의와 집단주의를 통일한 것이다.
③ **자유와 필연의 관계**를 밝혀 자연과학과 사회과학을 통일하는 것이다. 맑스는 자유를 '자각된 필연'이라고 보고, 자유는 인간의 인식의 발전에서, 창조적으로 인간이 발전해나가는 데에 중요하다.
④ **형식논리학과 변증법논리학**을 통일한 것이다. 정지상태의 논리, 운동상태의 논리를 **발전상태의 논리**로 통일한 것이다. 여기서 동양철학과 서양철학도 발전의 변증법으로 통일할 수 있다.

위의 내용을 요약하면 인간중심의 ① 신관(범재신관) ② 자연관(자연·물질개조) ③ 인간관(정신·문화개조) ④ 사회관(정치·사회개조)의 문제라고 말할 수 있다. 공자는 인간중심철학의 창시자이다.

이제 **생명력의 강화를 통한 기쁨과 행복을 위해** 위의 인간중심 민주주의의 4가지 원리를 바탕으로 민주주의발전의 기본적 비결로 인간중심의 인내천(人乃天)민주주의에 대해 살펴보도록 하자.

민주주의발전의 기본비결은 사랑의 원천으로 개인주의와 집단주의의 결

합을 하는 것이다.

따라서 민주주의를 발전시키기 위해서는 개인의 생존과 발전을 보존하는 데서부터 시작해야 한다. 인간의 생장본능이 첫째가 성욕이고 두 번째가 자손번식이다. 따라서 대를 이어 전승해가려면 교육을 시켜가야 한다. 이것이 집체주의 민주주의이다.

그래서 봉건말기에 민주주의가 나왔을 때는 개인주의적 민주주의가 먼저 나온 것은 옳은 것이다. 이치에 맞는 것이다. 당시는 인간이 먹고 사는 것이 급했다. 자유롭게 일하고 일한 만큼 대우받는 것이 자유와 평등의 개인주의 민주주의 사회이다.

그러면 현재의 생활상태에서 사람들은 얼마나 발전했는가? 자본주의 나라에서는 중산급 이상은 먹고 사는 데서는 걱정이 없다. 그냥 발전된 나라에서는 자기가 잘못해서 마약을 피우든가 거지노릇을 하지만 개체 전반을 볼 때는 먹고 사는 문제는 해결되었다고 본다.

이제 필요한 것은 인간의 생활방향을 더 발전하기 위해서는 정신적으로, 사회 협조적으로 발전하는 문제가 있다. 정치를 하고 도덕을 지키고 하는 것은 타고난 것이 아니고 사회협조로 협동하는데서 쟁취하는 것이다. 동물과 달리 인간의 제일 주요한 힘이 정신적 힘이다. 그 다음에 생명력으로 창조적인 물질적 힘이 사회협력과 더불어 나오게 된다.

협조 협력할 때는 개인적인 힘의 몇십배로 개인적으로는 절대로 해결할 수 없는 것을 해결할 수 있다. 이것이 인간의 우월성이다. 이것은 사회적 집단으로서의 인간이 생명력을 강화해나가는 것이다.

지금은 사람들이 돈을 더 많이 가져보자, 남을 지배하기 위해 지위를 높여보자 하지만 그러나 앞으로는 권력을 쓰는 것을 민주주의가 허용하지 않게 된다. 재산을 독점해도 사람이 행복한 것이 아니다. 물질적으로 비정상적으로 살면서 왕이나 독재가들 처럼 별 장치를 다 해놓지만 오히려 오래 살지 못한다.

따라서 개인주의도 집단주의도 절대로 없어지지 않는다. 인간의 본성을 두고 개인적인 존재인 동시에 집단적인 존재이기 때문에 그러하다. 집단주의로 개인주의를 없이 하려고해도 잘못이고 개인주의로 집단주의를 없이하려고 하는 것도 잘못이다.

그러면 어떤 방법이 있는가? 개인주의의 장점과 집단주의의 장점을 결합시키는 길밖에는 없다. 개인주의자들은 개인주의를 발달시키지 않았는데도 개인주의만 발전시키자며 이런 주장을 싫어한다. 또 집단주의자들은 집단주의의 좋은 점을 살리려고 해도 조정하는 것은 좋아하지 않는다.

개인주의의 장점은 욕망이 다양하고 창조적 능력이 다양하고 이는 개인의 욕망이기 때문에 적극적이다. 감독을 안 해도 자신이 살기 위해 자꾸 노력한다. 집단은 조직을 만들어 지시하지 않으면 움직이지 않는다. 집단은 대를 이어 통일되지 않고서는 집단을 형성할 수 없다. **미래까지도 배려해가는 통일과 협조는 집단(주의)의 생명이다. 개인주의의 자유와 평등을 발전시켜가면서 이 두 가지를 결합시켜야 한다.**

집단주의의 사랑의 측면만을 강조한 것이 **종교**이다. **종교의 두가지 생명**은 무조건 사랑해야 한다는 것이고, 영생한다고 하는 것이다. 생활수준이 낮은 조건에서는 이 둘을 결합시키는 것이 대단히 힘들다. 그러나 현재상태에서는 이를 결합시키지 않고서는 더 발전할 수 없게 되어 있다. 개인주의와 집단주의의 이 양자를 결합시켜 나가는 것이 **민주주의 발전의 기본비결**

이다. 이 두 가지를 결합시킨 민주주의가 인간중심 인내천 민주주의이다. 여기서는 모든 특권이 없어지고 또 물건이 공기나 물같이 풍부하기 때문에 더 이상 탐내지 않으니 특권의식이 없어진다.

아마 앞으로 핵융합을 해서 생산이 몇 배로 올라가게 되면 더 많이 가지려고 하는 사람이 없을 것이다. 풍부해지면 독점하려는 사람이 없어진다. 권력에 대한 욕망이 없어지고 그러면 무엇을 하는 것이 행복해지는가? 어떤 때 행복이 오는가? 인간의 생명력이 강화되었을 때 기쁨과 행복을 느끼고, 생명력이 약화되었을 때 슬픔과 고통을 느끼게 된다.

물질이 부족할 때는 물질을 가져야, 또 권력을 가져야 생명력이 강화될 수 있었지만, 이제 물질이 풍부한 마당에서는 인간의 생명력이 직접 강화되는 길밖에 없다. 어떤 사람이 생명력이 강화되는가? 자꾸 공부해서 정신적 생명력을 강화시키는 것이다. 물질적 생명력도 우주여행을 위해서 체력의 강화라는 방향으로 옳게 이용해서 자신의 생명력을 강화시키도록 해야 한다.

사랑의 원천은 결합되어 생명력을 강화하는 것이다. **부부처럼 개인의 생명력을 큰 생명력으로 결합시켜 가는 것이다.** 따라서 앞으로 권력도 물질적 소유도 더 이상 필요하지 않는 상태에서는, 생명력을 강화하는 것이 행복의 기본원천이 된다. 오직 인간의 생명력을 강화하는 것만이 **행복의 원천**으로 될 때 그 때가 인간중심의 민주주의가 된다. 지금은 이 단계로 넘어가는 과도기다. **과도기를 단축시키는 의미에서 교육이 필요하다.** '제4 지도사상부의 구성'과 '민주주의 이념당 건설'이 필요한 이유이다. 그리하여 민족과 세계가 통일될 때는 인내천 민주주의가 가능한 것이다. 또 그 역도 성립한다. 새삼 우리는 지금의 3권 분립의 3부의 정부구성을 두고 '제4 지도사상부'의 권력구조의 개편과 '민주주의 이념당 건설'이 필요한 이유를 알 수 있다.

기존의 개인주의 자본주의 이념의 헌법을 두고 집체주의 사회주의의 가치도 들어간 권력구조가 나와야 평화통일을 이룰 수 있다는 것이다. 그러나 이것은 어디까지나 사상의 강요가 아니라 교육을 통해서 평화적으로 이루어져야 한다. 이러한 의미에서 '사상지도부'가 아니라 '지도사상부'로 부르게 되는 것이다. 또 이를 실천해나가기 위해 민주주의 이념당이 나와야 한다고 본다. 개인적으로는 중추사(중립화 통일을 추구하는 사람들의 모임)가 그러한 역할을 맡을 수 있다고 본다. 다음 기회에 '제4 지도사상부의 구성'과 '민주주의 이념당 건설'에 대해 구체적으로 설명하고자 한다.

원래는 자본주의적 민주주의를 만든 것은 상인인데 이들이 공인(工人)을 포섭해서 생산자본을 만들었다. 이것을 맑스주의자들에 의해 모든 인간이 잘 살아보자는 의미에서 공산주의가 나왔는데 그런데 이는 개인주의의 우월성을 무시하고 시기상조하게 계급적 집단주의에 독재적 방법을 구사함으로써 양자를 제대로 결합할 겨를도 없이 실패하게 되었다.

그래서 우리는 개인주의적 민주주의의 특색, 즉 자유와 평등, 인권에 관한 것을 발전시키면서 여기에 집단주의의 통일과 협조, 미래에 대한 공동체의 가치를 결부시켜나가야 한다.

그러자니 여기서 정치 분야, 경제 분야, 사상문화 분야는 어떻게 할 것인가 하는 문제가 나오게 된다. 결론적으로 각 분야에서 개인주의와 집단주의 민주주의의 장점을 어떻게 결합시켜나갈 것인가 하는 것이 문제로 된다. 다시 말해 통일 지도이념을 한 차원 높게 정립하여 계몽·실현해나가는 것이 우리의 목적이자 전망적인 우리의 당면과제로 된다는 것이다.

제4장
변증법은 발전의 논리학[1]: 형이상학에 대해

Ⅰ. 형이상학(연역법과 귀납법)과 변증법

논리학이란 논리적인 질서를, 세계가 가지고 있는 역사적인 질서를 압축해 놓은 것이 논리적 질서이다. 앞뒤가 맞게 맞아야 된다. 질서가 없이 이랬다 저랬다 하면 그것은 아무 소용이 없다. 그러므로 **수리논리학** 같은 것은 수학을 하면서 컴퓨터같은 재료로서 어떤 판단이 나왔다, 수식(數式)으로 설명하는 것으로 아무 소용이 없다. 말로써 일정하게 설명할 수 있는 논리가 있어야 한다.

그러니까 그것은 형식논리학과 변증법적 논리학[2]의 논쟁에서는 아예 참

---

1) 황장엽·이신철 『논리학』 (시대정신: 2010) pp. 200.
2) 아리스토텔레스가 만든 종래의 형식논리학은 **연역적인 방법**으로서 다음과 같은 것이 있다.

모든 사람들은 먹어야 한다.
아무리 성현이라도 먹어야 산다.
그러므로 공자도 먹어야 한다.

모든 사람들은 죽는다.
소크라테스도 사람이다.
소크라테스도 죽지 않을 수 없다.

이를 12C의 영국의 **베이컨**이 나와서 새로운 논리학으로 '신기관'을 냈는데 여기서 귀납법을 창시하였다. 이
스토텔레스는 자신의 연역법을 '기관'(organon)이라고 하였다.
귀납법이란 여러 가지 실례를 들어서 뽑아내는 것이다.

소는 한번 먹은 것을 다시 씹는다(반추한다).
소는 배가 부르도록 먹고 밤새도록 되새김질을 한다.
그리하여 뿔난 짐승은 한번 먹은 것을 다시 반복한다.

가하지도 못한다. 일단은 변화하지 않는다는 것을 전제로 해서 논리적인 질서를 세운 것이 **형식논리학**이다.

그러나 이제 운동상태도 변화한다고 본다. 두 가지가 있다. ①운동상태에서 변화하는 것을 볼 수 있고 ②변화하지 않는다는 상태에서 볼 수 있다.

세계는 존재하는 동시에 운동한다. **세계의 특성은 두 가지다.** ①하나는 존재하는 것이다. ②하나는 운동하는 것이다. **존재한다고 하는 데서는** 가장 보편적인 것이 연속성과 불연속성이 속성이고, **운동한다고 하는 것에는** 운동과 정지가 통일되어 있다. 운동만 하는 운동은 없다. 떨어지게 되며 정지상태가 뚜렷하고, 따라서 운동상태라는 것도 상대적이다. **그런데 발전에 관한 논리는 또 다르다.**

①정지상태, ②운동상태, ③발전상태 3가지의 공통논리는 **동일성과 차이성**이다. **발전상태의 논리학은** 정지와 운동상태를 동일성과 차이성의 원리로서 통일시킨 것이다. **발전이란** 변화인데 보다 더 높은 수준으로 변할 때 발전이라고 한다. 발전하기 위해서는 반드시 현재상태를 변경시키지 않고서는 안 된다. 변화를 거쳐서 더 높은 수준으로 올라가는 것이다. 그렇기 때문에 정지상태, 운동(변화)상태, 발전상태의 3가지를 거쳐야 한다. 평화가 무슨 발전인가. 근본적인 것은 이상의 3가지를 검토해야 한다.

정지와 운동에서 늘 따라다니는 것은 동일성과 차이성이다. 동일성과 차이성이라는 **존재**는 없다. 동일성과 차이성이라는 **운동**도 없다. 그러나 **있는**

소도 그렇다. 양도, 사슴도 그렇다.
그리하여 모든 뿔난 짐승은 다시 반추한다.

말은 잘 씹어서 먹지만 말똥은 거칠다.
소똥은 마구 먹는 것 같지만 깨끗하다. 그래서 연료로도 된다.

이렇게 해서 구체적인 사실로부터 결론을 내린 것이 귀납법이다.

것은 연속적인 존재와 불연속적인 존재이다. 정지상태와 운동상태는 있는 것이다. 그렇기 때문에 이것을 기초로 해서 정지상태의 논리와 변화발전의 상태를 통일시킨 것이 이번에 쓴 '**발전상태의 논리학**'이다.

변증법적 논리는 일종의 철학과 같다. 그러므로 의식이 어떻게 발생했고 거기서 육감, 무당 그리고 마지막에는 변증법적 논리에서는 모순을 인정해서는 안 된다는 것도 나온다. 그런 데서는 벌써 철학적인 내용이다.

연역논리에서 대표적으로 과학연구사업을 적용한 사람이 프랑스의 **데카르트**이다. 경험론에서 일반이론을 도출한 사람은 베이컨이었다. 칸트가 위의 둘(합리주의와 경험철학)을 통일시켰다는 것이다. **영국의 경험론과 프랑스의 합리주의를 결합시킨 것이다.**

'**기관**'**은** 연역적인 것으로 '**대전제**'를 놓고, 그 다음에 '**소전제**'를 놓고, 그 다음에 '**결론**'을 내는 것이 전형적인 판단논법이다.

사람은 다 죽는다
성현도 사람이다
성현도 죽는다

모든 사람은 먹어야 산다
아무개도 사람이다
그러니까 그도 먹어야 산다

따라서 '기관'에는 판단이 무엇이며, 추리, 직접적인 판단, 간접적 판단 등 여러 종류의 판단이 나온다. 개념, 판단, 추리 이런 순서로 되어 있다. 이것을 아리스토텔레스가 '**기관(논리학)**'을 만들었는데 이것을 용하게 혼자서 체계를 세웠다. 중국과 인도에서도 논리학이 있지만 여기에 미치지 못한다.

그 다음에 여기에 보충하여 **베이컨**이 '신오르가논'을 만들어냈다. 그 다음에는 **헤겔**에 가서 변증법적 논리가 발전의 논리학이다. 이러한 문제를 논리학에서 다루어야 한다.

II. 변증법은 발전의 동력

이제 **발전상태의 논리학**에 대해 고찰해보자.

우리가 (외부)세계(사람까지 포함해서)를 인식하는 데서(반영한다고도 하는데) 무엇을 기준으로 하여 인식하는가? 사물이 같은 것인가 차이성이 있는가 하는 것이다. 예를 들어 사람이 먹고 살아야 하는데 먹는 물건에 속하는가 먹지 못하는 물건인가를 우선 구별해야 한다.

인식한다는 것은 사물(대상)의 차이성과 공통성을 구별하는 것이다. 이것도 큰 원리인데, 세상에 공통성이 없는 것은 하나도 없다. 차이성만 있고 공통성이 없는 것은 있을 수 없다. 그러나 세상에는 공통성만 있고 차이성이 없는 것도 하나도 없다. 객관적으로 존재하는 어느 것도 운동을 한다. 인간처럼 걸어다니지는 못하지만 모든 사물은 운동을 한다. 자기를 보존하려는 생각이 있기 때문이다. 분열된 것만큼 차이성을 가진다. 그렇기 때문에 다양성을 가진다.

처음에 사람들은 **차이성과 동일성을 두고** 자기의 욕망에 맞는가 맞지 않는가, 좋은 물건인가 나쁜 물건인가를 구별하는데 인식하는 것을 목적으로 했다. 우리능력으로서는 이 이상 쉽게 말할 수가 없다.

사물의 공통성에는 다음의 3가지 특징이 있다.

첫째로 모든 사물은 객관적으로 존재한다.

둘째로 모든 사물은 운동을 한다. 세상에서 운동을 안하는 물질은 하나도 없다. 어떤 형태로 운동하는가의 차이가 있을 뿐이다.

셋째는 왜 운동을 하는가? 이는 자기자체를 보존하려는 성질이 있기 때문에 운동을 한다.

지금까지 인간은 세계가 어떠한 존재인가를 다 알지는 못하지만 위의 3가지 공통성에 대해서는 알고 있다. 그 전에는 사물이 자기보존성을 가지고 있다는 것을 알지 못했다. **이는 인간중심정치철학에서 처음으로 밝힌 것이다.** 이런 설명이 잘못 됐다면 철학이론을 고쳐야 한다.

그러면 왜 이렇게 되었는가? 객관적으로 존재한다고 할 때 이것이 둘로 나누어져 있다. 객관적으로 존재하면 연속적으로 존재하면서 동시에 불연속적이다. 수학을 보면 명백하다. 선을 그어놓고 보면 연속적이면서 선은 얼마든지 짧을 수 있다. 그러므로 끝없이 분열될 수 있고 끝없이 연결될 수도 있다. 그것이 물질이 존재하는 형태이다. 끝없이 작게 분열되어서 존재할 수 있고 끝없이 연결되어서 존재할 수 있다. 이것을 두고 **연속적인 존재인 동시에 불연속적인 존재**라고 한다. 이것이 **존재의 기본형태**이다.

불연속적으로 존재하는 것은 꼭 같은 것이 하나도 없다. 그렇기 때문에 분열된 것만큼 차이성을 가진다. 또 공통성이 있기 때문에 결합될 수 있다. 결합되는 것만큼 통일성이 붙어나간다. 분열되는 것만큼 차이성이 붙어나간다. **동일성과 차이성은 연속성과 불연속성과 결부되어 있는 성질이자 특성이다.**

기하에는 공리가 있다. 내각의 합은 180°이다. 이는 무슨 공리로부터 나왔는가? 평행선이 교차되지 않는데서 나왔다. 평행선이 마주치지 않는다고 하는 것은 공리이다. 증명할 수 없다. 공리는 증명하지 못하는 것이다. 공리에 기초해서 다른 것은 증명할 수 있어도 공리 자체는 증명이 안 된다. 그것은 경험을 통해서 뻔한 사실이다. 의심할 수 없다는 것이 공리이다.

그러므로 연속적인 동시에 불연속적이라는 것을 증명할 수가 없다. 객관적으로 존재한다고 하는 것도 경험을 통해서 눈을 감든 말든 말로써밖에 설명이 안 된다. 인과적으로 논증을 못한다. 그러므로 조건이 달라지게 되면 평행선이 절대로 마주치지 않는다는 공리가 달라지게 된다. 이것이 **비유크리트 기하학**이다. 두가지가 있다.

하나는 리만이라는 독일의 수학자가 만든 것이다.

다른 하나는 로바챔스키라는 러시아 수학자가 주장한 것이다.

운동상태에서는 내각이 구부러지면서 삼각형이 될 수가 있다. 오목삼각형이 되면 3각을 합한 것이 180°보다 작아진다. 반대로 되면 볼록삼각형의 내각의 합은 180°보다 커진다. 커진다는 기하학의 원리를 상대성원리에 적용한 것이다. 왜 이런 말을하는가? 우리가 세계를 볼 때 정지상태에서 무엇을 비교할 때 논리적인 질서하고, 운동할 때 변화할 때의 논리적인 질서가 다르다.

우리가 당장에 비교할 때는 정지상태에 있는 것을 비교한다. 젊은 사람이 당장에는 젊지만 늙어진 것은 보지 못한다. 불변의 동일한 상태에서 사물을 비교하는 것이다. 이것이 처음에 나온 것이 아리스토텔레스의 논리다. 모든 사람들이 이런 식으로 밖에 생각하지 못했다. 그러나 변화상태에서는 자꾸 변한다. 이런 것을 주장하는 사람이 적지 않았다. 불변상태·정지상태는 연속성과 불연속성의 관계처럼 운동상태와 다르면서도 하나로 통일되어 있다.

완전한 정지상태가 없다. 기차가 가다가 멈추면 정지상태가 명확하지만 기차가 달리는 것을 보게 될 때 계속 달리지만 정지상태는 안 들어있다고 생각해서는 안 된다. 기차는 사람들이 걸어가는 것보다는 정지상태가 적다. 연결상태가 많기 때문이다. 그러나 기차보다는 비행기의 정지상태가 더 적고 반면에 운동상태가 더 많아지고, 로켓트는 더 많다. 시계가 돌지만 정지 없이 도는 것이 아니다. 우리 눈으로 보지 못하지만 절대로 그렇게 되어 있지 않다. 쭉 연결해서 운동하는 것처럼 보이지만 세밀하게 쪼개 들어가면 불연속적인 것이 계속 이어져있다. 만화영화의 연결과정과 같다. 비슷비슷한 것을 계속 그려나가면 다 연속된다. 빨리 돌리게 되면 연속되는 과정이 된다. 영화의 화면이 다 다르지만 그 차이를 분간할 수 있는 인간의 능력을 초월해서 연결시키게 되면 다 연결된 것으로 된다.

그 연결이 증분, 그 변환율이 얼마나 되는가를 계산하는 것이 **미분**이다. 가장 단순한 정지상태가 얼마씩인가 하는 것을 구하는 것이다. 그러니 연속적인 것같이 보이지만 절대적인 연속이 아니고 불연속적인 것을 내포한 것이 연속되어 있는 것이다.

또 불연속적인 것은 절대적인 불연속적인 것이 아니라 그것 나름대로 두 가지 성격을 가지고 있다. 아무리 작은 것도 두 가지 성격을 가지고 있다. 동일성과 차이성이 있어서 동일성은 연결되자고 하고 차이성은 배척하고자 한다. 그렇기 때문에 작은 것도 연결하려는 지향성을 가지고 있다. 개인은 독자적으로 살지만 그러나 고립해 사는 것은 좋아하지 않는다. 결합하려고 한다. 개인자체가 두 가지 성질을 가진다.

다시 말해 독자적으로 살자는 것하고, 결합되지 않고 살아야 되겠다는 이 두 가지다. 거기서 독자적으로 살자는 요구가 더 커질 때는 분열된다. 또 동일성이 커질 때는 결합하게 된다. 그래서 모든 사물이 다 공통성을 가지고 있다.

그러면 이 정지와 운동의 두 가지 상태만 있겠는가? 정지와 운동이 결합되고 동일성과 차이성이 결합돼서 현재에 있는 상태보다도 더 높은 단계로 변화해나갈 때 이것이 **발전**이다.

발전의 동력은 결합해서 협조하는 것이다. 협조가 없이는 현존하는 상태보다 높은 수준의 존재로 될 수가 없다. 변화하기만 한다. 그저 변화할 때는 퇴보하는 것, 작아지는 것이 될 수 도 있다. 변화가 크게 되어 존재로서 상승적으로 변화하게 되려면 차이성이 있는 것들이 결합해서 협조할 때 발전이 일어나게 된다. **발전의 논리 이것이 변증법이다.**

Ⅲ. 변증법의 전개과정: 피히테, 셀링그, 헤겔, 맑스

발전에 관한 논리가 변증법이다. 이것이 아마 초등수학에서 고등수학으로 넘어가는 것만큼 힘들 것이다. 모든 것은 운동하거나 정지 상태에 있다. 정지 상태에서는 아무런 발전이 있을 수가 없다. 그저 변한다고 해서 아무런 발전은 없다. 여기까지가 **지금까지의 논리학**이 취급하는 것이다.

더 나아가서 그런 것이 아니라 동일성이 커지고 결합되어 서로 협조할 때 더 운동능력이 높고 더 다른 것을 끌어당기는 힘과 배척하는 힘이 강한 주동성과 능동성이 강한 사물로 변화된다. 이것이 **발전**이다. 정지 상태에서도 발전은 없고 운동만 하는 상태에서도 발전은 없다. 정지 상태와 운동 상태가 결합되어야 한다. 두 가지 상태가 결합되어 협조할 때 발전이 일어난다.

이것을 두고 동일성과 차이성이 대립되어 있으면서도 통일되어 있다고 말하는 것이다. 남자와 여자가 차이성이 있는 것이다. 동시에 인간으로서의 공통성이 있다. 개인으로서는 가질 수 없는 것이 결합됨으로써 생명을 가지게 된다. 개인으로서는 절대로 재생산을 할 수 없지만 결합수준이 높아지면 마지막에는 국가나 집단으로 되게 되면 이를 통해 **영생할 수 있는 생명력**을 가지게 된다.

차이성 대신에 공통성을 강화하게 되면 통일이 강화된다. 존재의 상태가 어떤가에 따라서 사람들이 **인식하는 논리**가 달라진다. 아리스토텔레스가 만든 논리학에는 발전이란 말이 없다. 창조라든가 결합이란 말이 없다. 10가지의 가장 일반적인 범주를 아리스토텔레스가 만들어 놓았는데 발전이라는 말은 없다.

같은 것과 차이성만 가지고 자꾸 논의했지 결합돼서 새 것으로 더 상승적으로 발전한다고 하는 것은 없다. 사람들이 생활에서 중요한 위치를 차지하면서 창조적인 활동을 통해서 만들어내는 **새로운 논리**를 생각하게 되었는데 이것이 **변증법**이다.

그런데 처음에 이것을 누가 만들어내었는가 하면 **헤겔**이다. 그럼 왜 헤겔이 이런 것을 만들어 내었는가? 봉건사회까지만 해도 계속 반복과정이 심했고 발전이 별로 없었다. 자본주의사회에 와서 변혁이 일어나는데 큰 변혁으로 나타난 것이 산업혁명이다. 기계, 기술 수단을 쓰면서 지금까지 보다 평균 20배는 늘어났다. 이것은 그저 변화가 아니라 **상승하는 변화**, **발전하는 변화**가 **급속하게 상승**되는 것이다.

그런데 이 산업혁명을 도입해서 빨리 발전한 나라는 영국과 프랑스이다. 거기서는 아직 철학화하질 못했다. 그러나 뒤떨어진 프러시아, 독일은 아직도 잠에서 깨지 못하고 계속 신학이나 신봉하는 낙후한 나라이다. 무엇을 신비화해서 자꾸 생각하는 것은 발전을 했다.

실천적으로 발전을 따라가야 하겠는데 그것이 실천적으로 따라가지 못하다 보니 그것을 철학적으로 따라가자는 것이다. 이것이 **독일고전철학**이다. 남은 실천적으로 **산업혁명**을 하는데 이것을 따라 가려고 하지는 않고 두뇌로서 저것이 무엇인가, 어떻게 변화하자는 것인가 이런 것을 생각하게 되었다.

그래서 헤겔은 이 쓰지도 않는 **절대정신**이라는 것을 생각해 가지고 그것이 어떻게 하여 변화해 나가는가 하는 것을 생각하게 되었다. 관념론은 그전에 칸트로 부터 시작해서 이를 정당화하고 반대하고 하여 고전철학이 발전해나갔다.

칸트는 정직한 사람으로 물질 자체는 모른다고 했다. 그는 인식론을 한 사람으로 어떻게 사람이 인식할 수 있는가? 칸트가 제일 흥미를 가진 것은 수학이나 물리학으로 보편적인 타당성을 가진 진리가 어떻게 있을 수 있는가를 연구하는 것이었다.

이를 증명하고자 하는 방법으로 해보니까 안 되게 되었다. 이 문제를 해결하는데 8년이 걸렸다. 8년 걸렸지만 물론 잘못 해결했다. 마지막에 얘기한 것이 선천적으로 타고난 형틀에서 집어내듯이 다 같은 진리가 나오는 것으로 잘못 해석했다.

이것이 유명한 **코페르니쿠스의 전회(轉回)**라고 하는 것이다. 태양이 지구를 돈다고 생각했는데 반대로 지구가 태양을 돈다는 식으로하여 인간이 무엇을 반영하는 것으로 생각했는데 그런 것이 아니고 인간이 찍어내는 것으로 해석했다. 그러면서도 물질세계 그 자체는 무엇인가를 알 수가 없다고 했다. 찍을 수가 없다. 그리하여 동시에 반대되는 4가지 명제가 성립되었다. 이것이 4개의 이율배반(antinomy)이다.

첫째는 세계가 무한한가 유한한가?
둘째는 세계는 단순한가 복잡한가?
　　지금으로 해석하면 연속적인 존재인가 불연속적인 존재인가?
셋째는 자유가 있는가 없는가?
　　필연적인가 우연적인가 하는 문제이다.
넷째는 어떠한 제한도 받지 않는 절대적 존재가 있는가 없는가?
　　철저한 완전한 자유를 가진 자가 있는가?
　　즉 신은 있는가 없는가하는 문제이다.

이 4가지는 우리의 인식능력을 초월해서 알 수가 없다고 하였다. 그런데 제자인 피히테는 사람이 그렇게 "알 수 없다"고 해서 되겠는가? 제일 고급한 것은 정신이다. 그렇기 때문에 정신이 물질을 생산했다고 하는 것으로 생각하였다. "주관이 객관을 생산했다"는 이 사상은 **피히테에서** 나왔다. 그 다음으로 나온 사람이 **셸링그**이다. 주관과 객관이 같다(동일체)고 했다. 이것을 반대해 나온 사람이 **헤겔**이다. 동일한 것이 아니라 통일되어 있다. 주관과 객관이 통일되어 있다. 주관과 객관이 통일되어서 새로운 것을 낳는다. 이것이 정(正)이 반(反)을 생산하고 반은 또 합해가지고서 높은 단계로 정이 반을 합해서 또 반을 낳고 그리하여 절대정신이 가장 단순한 것에서

부터 모든 것을 포함하는 정신으로 발전했다. 이런 식으로 만든 것이 **헤겔의 변증법**이다.

따라서 헤겔의 변증법을 안다는 사람이 더 모른다. 아직도 헤겔의 사고에서 벗어나지 못한 사람이 잔뜩 있다. 절대정신이 어째서 만능의 무소불위의 전지전능한 신으로까지 발전했는가? 이것을 증명하려고 했다. 완전히 과대망상증에 걸린 것이지 어떻게 하여 사람도 없고 자연도 없는 데서 절대정신만 있었다고 할 수 있는가? 헤겔은 원래 신학자인데 후에 철학자로 돌았다. 단순히 정이 자기의 반대물을 낳고 이를 다시 포섭하고서 발전이 일어나고 이것이 다시 또 반대물을 낳고 결합돼서 발전하고 자꾸 이렇게 발전해서 마지막에는 모든 것을 다 인식하고 포괄하는 모든 것을 만들어낼 수 있는 **절대정신의 존재**로까지 발전했다.

이것을 **맑스가 유물론적으로 개작**했다. 헤겔의 이 논리를 답습하였다. 내용을 관념론을 유물론으로 고치고 거꾸로 세운 것을 바로 세웠다고 하였지만 형식은 그대로 본따다 보니까 헤겔은 절대정신이라는 있지도 않은 것을 발전해나간다는 논리를 만들어내느라고 변증법을 왜곡했고, 맑스는 계급해방을 위해서 계급투쟁과 무산계급 독재에 필요성을 정당화하기 위해서 이것을 적용하다 보니까 또 왜곡시켰다.

IV. 인간중심철학의 변증법: 실천에 적용해야

맑스 이전에 공산주의는 **공상적 공산주의** 또는 **민주주의적 공산주의**라고 하였다. 프랑스의 칼 프리에, 쌍시몽, 영국의 로버트 오웬 이런 사람들이 대표적인 사람들이다. 이들은 민주주의 혁명을 통해서 정권에서의 특권은 없어졌다, 그러나 생산수단을 가지고 사람들을 착취하기 때문에 **경제분야에서는 아직도 특권이 남아 있다.** 완전히 평등하게 되기 위해서는 생산수단도, 정권을 가지고 선거하듯이, **생산수단도 다 같이 사회적인 것으로 만들어서 이용해야** 한다고 한 것이 **사회주의이며 공산주의라고** 했다.

그러나 맑스가 계급투쟁을 하는 것을 보고서 어떻게 결론을 내렸는가?

아니 어째서 자기가 가진 특권을 내어놓자고 하겠는가? 계급투쟁을 통해서 해방을 시켜야 된다. 그런데 경쟁에서 이겨서 갖게 된 자기 재산을 내놓겠는가? 따라서

노동계급은 단결하고 독재를 수립해야 한다. 폭력으로서 자본가 계급을 타도하고서 생산수단도 다 빼앗아서 생산수단을 사회적 소유로 만들어야 한다. 이래야 완전한 민주주의사회가 도래한다고 생각했다. 그럴듯하게 들리지 않는가? 무산자들이란 생존경쟁에서 패배당한 사람이며 빼앗긴 사람이다. 빼앗겼을 때는 같이 나누어 먹자고 했지만 정권을 잡자마자 이 사람들이 특권계급이 되었다.

스위스의 시라라는 사람의 말이다. 한 독재가가 독재가의 모자를 시내복판에 놓고 길가는 사람마다 경례를 하고 가게 만들었는데, 한 사람이 이를 반대하였다고 해서 죽이자고 했다. 활 잘 쏘는 사람인데 독재자는 자기 아들의 머리에 사과를 올려놓고 "사과를 쏘아서 맞히게 되면 용서하겠다, 맞추지 못하면 너는 사형이다, 너의 운명이 너의 손에 달려 있다"고 했다. 마침 쏘아서 아들의 머리에 있는 사과를 꿰뚫었다.

여기에 무슨 평등이 있고 무슨 공산주의가 있는가? 맑스가 이 단순한 진리를 몰랐다. 계급해방이라고 하면서, 그러나 독재를 통해서는 계급해방이 되지 않는다. 맑스는 이 잘못된 계급투쟁론, 독재론을 정당화하기 위해서 변증법을 왜곡했다.

이제 우리가 바로 세우는 것이 무엇이겠는가? **발전의 논리다.** 어떻게 해서 발전이 일어나는가? 인간이 어떻게 발전해 왔으며 또 어떻게 하여 자신을 발전시키고 세계를 발전시켜 나갈 수 있겠는가 하는 것을 말하는 논리가 **변증법**이라는 것이다.

동일성의 논리도 변화의 논리도 아닌 발전의 논리이다. 그런데 헤겔은 있지도 않은 절대정신이 발전해나가는 것으로 하다 보니, 없는 것을 있는 것

으로 하자고 하니까 왜곡할 수밖에 없었다. 왜곡하는 절차에 관해서는 다음에 소개하기로 하고 어렴풋이나마 이해가 되면 좋겠다.

또 맑스가 위에서 밝힌 것처럼 자기 자신이 모순된 얘기를 하면서 이를 정당화하기 위하여 변증법을 갖다 넣었다. 그러므로 모순을 정당화하는 이론으로 되었다.

오늘 처음으로 하나만 얘기하게 되면 "대립물이 대립되어 있으면서도 통일되어 있다"는 것을 모순으로 보았다. 우리의 눈으로 볼 때 모순이 아니다. 대립되어 있지만 생각이 다른 사람이 서로 결합될 수 있다. 동일하다고 해놓고 다르다고 하면 이것은 모순이다. 그러나 책과 불쏘시개로 변한 책과는 다르게 보이지만 움직이는 상태에서 보면 모순이 아닌 것이다. 어머니를 동시에 어머니가 아니라면 말이 안 된다. 그러나 시간이 지나 나이 많아진 어머니는 지금과는 다른 것으로 이것은 움직이는 과정으로 본 것으로 모순이 아닌 것이다. **헤겔은 정태적인 모순의 면만 본 것으로 이렇게 왜곡했다**.

오늘 이해할 것은 변증법이란 발전의 논리에 관한 것이다. 발전하는 상태하고, 정지 상태하고, 운동상태의 3가지 상태가 있다. 세계는 3가지 상태로 구별할 수가 있다. ① 정지상태·불변상태 ② 변화상태·운동 상태 ③ 이 둘을 합친 협조하는 발전상태의 3가지가 있을 수 있다.

변하지 않은 정지 상태, 불변상태의 논리적인 연계질서를 지금까지는 **논리**라고 생각해왔다. 이 설명은 옳지만 그러나 변화 상태에서는 적용되지 않는다. 또 발전 상태에서도 적용되지 않는다.

이 **논리학**은 동일상태, 정지 상태, 불변상태에서만 맞고 더 이상은 맞지 않는다.

뉴턴은 빈 공간이 있고 그 안에 물질이 들어있는 것으로 보았다. 무한한 3차원 공간이 있다고 했다. 그런데 **아인슈타인**은 여기에 운동을 가미했다. 운동이 작용한다고 하는 것은 큰 천체에서는 인력이 작용하는 것이다. 인력이 작용하는 범위 내에서 공간이 형성된다고 했다. **공간이란** 운동의 변화에 따라서 길어지기도 하고 짧아지기도 하고, 시간이 그렇게 흐른다. 이런 식으로 하여 **상대성**을 주장했다.

이런 면을 보는 것은 옳은 면이 있지만 그렇다고 해서 뉴턴식으로 생각했다고해서 무한한 공간이 없겠는가 하면 안 된다. 이와 마찬가지로 **변증법이 논리를 한다고 해서** 아리스트텔레스의 형식적인 논리가 잘못됐다고 하면 안 된다. 제한성이 있지만 우리가 제한성을 밝히고 새로 발전의 논리를 체득해야 된다.

요약하면 제일 중요한 것으로 변증법이란 발전의 논리로, 발전이 어떻게 일어나고 발전에 관한 방법의 학설이 나올 수 있는가 하는 것이다.

세계는 크게 나누게 되면 3가지 상태이다. ① 정지하고 불변상태에서 세계를 볼 수 있고 ② 순전히 운동하고 변화상태에서 볼 수 있고 ③ 발전상태에서도 볼 수 있다.

위의 **3가지 논리**가 형성된다. 그런데 변화상태에서 말하게 되면 두 가지 변화가 있을 수 있다.

하나는 상승적인 변화, 발전에 관한 변화이고 여기서 취급한다.

다음은 등속도로 변한다.

두 가지 논리가 있다. 즉 하나는 동일성과 불변상태를 전제로 하는 논리, 그 다음에는 변화·발전을 위한 논리 이 두 가지가 있다. **그러므로 본질상 변증법은 발전에 관한 논리다.**

발전의 특징이 무엇인가? 세계에서 제일 발전된 존재가 무엇인가? 인간으로 인간의 창조적 활동으로 발전운동의 가장 대표적인 것이다. 그러므로 **인간중심철학이 주장하는 변증법**은 인간의 운명개척의 길을 밝혀주는 창조적 활동의 기본 특징이 무엇인가 하는 것을 밝히는 것이다.

그리고 변증법 자체가 고정불변한 것이 아니라 인간의 발전과 더불어 계속 발전한다고 보고 있다.

여담으로 발전의 부작용은 왜 일어나는가하는 것이다. 불변상태에서는 발전이 없다. 발전하기 위해서는 현재 상태를 깨뜨려야 한다. 발전하기 위해서 자기를 부정하는 측면을 동반하지 않고서는 안 된다. 발전에 반대되는 요인을 동반하게 된다. 예를 들어 개인은 죽게 되는데 그러나 낡은 사고는 자기를 보존하자고 한다. **발전한다는 것이 생명이 계속 영생해 나가는 것과 같은 것인데, 이 때 개인의 생명이** 계속 계승해 나가는 것이 아니라 **집단을 통해서만 대를 이어 개인은 바뀌게 된다.**

종교를 믿는 사람은 낡은 것을 따라가려고 하는 보수성이 있기 마련이다. 그러나 반드시 동반하는 이런 부정적인 측면을 겁낼 필요는 없다. 부정을 극복해 나가야 한다. 헤겔철학을 잘못했다고 해도 이를 보존하자고 한다.

그러나 그것이 발전을 강행하는 주류로 생각해서는 안 된다. 그런 부정적인 것을 극복하면서 발전을 해나가야 한다. 완전히 무난하게 발전을 할 수는 없다. **투쟁을 통하지 않고 발전을 할 수가 없다.** 상대적으로 볼 때 부정적인 것은 필요악이랄까, 인간을 상승적으로 발전하는 주류로 본다면 이들은 일시적이고 동반되는 부산물이라고 볼 수 있다.

이런 부분도 계속해서 생각해야 한다. 철학자가 되겠다고 하는 것이 아니라 어떻게 해서 현실적인 문제를 실천에서 적용하겠는가를 늘 생각해야 한다. 이것을 잘 하게 되면 큰 효과가 있다. 멀리 내다볼 수 있다. 최대한으로 알기 위해서 노력해야 한다.

제5장
개인의 생명과 사회적 집단의 생명의 상호관계

*** 개인의 생명보다 귀중한 민족의 생명![3]**

Ⅰ. 인간은 대립물의 통일을 이루어진 존재

사물이 서로 결합되지 않고서는 새로운 성질을 가진 새로운 사물이 발생할 수 없다. 물질세계의 발전과정은 곧 각이한 성질을 가진 보다 단순하고 저급한 물질들이 서로 결합되어 보다 복잡하고 고급한 운동능력을 가진 물질로 변화되어 온 과정이다. 이것은 결국 다른 성질을 가지고 대립되어 있는 다양한 요소들이 결합되어 하나로 통일됨으로써 물질세계가 발전할 수 있다는 **변증법적 진리의 정당성**을 말해주는 것이다.

인간은 아무리 모든 삶의 요구가 실현되어도 만족하지 않고, 영생하는 사회적 집단을 부러워하며 사회적 집단과 함께 영생할 것을 염원한다. 개인의 생명을 사회적 집단의 생명과 결부시키려는 욕망이 **명예욕**으로 표현된다. 명예와 함께 물질적인 이익이 동반될 수도 있지만 명예 자체는 물질적인 이익과는 관계가 없는 것이다. 모든 물질적인 이익을 독차지하고 있는 제왕들에게 물질적인 표창은 의의가 없지만 명예욕은 버릴 수 없으며 남달리 강하다.[4]

---

3) 황장엽, 『개인의 생명보다 귀중한 민족의 생명』(시대정신: 1999, 12. 15), pp.382.

4) 세익스피어의 희곡의 주인공인 팔스타프(Falstaff)는 다음과 같이 언명한다. "명예란 무엇인가. 그것은 하나의 단어일 뿐이다. 명예란 단어는 무엇인가. 그것은 공기(空氣)이다." 명예는 실질적인 이익과는 아무런 관계도 없고, 다만 그 단어를 발음할 때 진동하는 공기에 지나지 않는다는 것이다. 그런데 팔스타프가 조소한 허망한 명예를 존중히 여기는 봉건귀족뿐 아니라 모든 사람들이 명예욕을 가지고 있는 것은 무엇 때문인가. 명예를 주는 주체는 명예를 받는 개인이 아니라

만일 인간이 다 같고 차이점이 없다면 서로 분리되어 있을 필요가 없으며 하나로 통일되어 하나의 생명체로 살면 될 것이다. 같은 것이 아무리 결합되어도 양적으로는 커질 수 있어도 새로운 질을 가진 존재로 발전할 수는 없다. 만일 인간이 차이성만 가지고 공통성이 없다면 서로 결합될 수 없을 것이며, 결합을 통한 발전에 대해서는 생각할 수 없을 것이다.

바로 인간은 **공통성과 함께 차이성을** 가지고 있으며, **연속적인 존재인 동시에 불연속성을 가진 독자적인 존재**이기 때문에 서로 결합되어 발전할 수도 있고, 그 결합이 원만하지 못할 때에는 분리할 수 있는 자유를 가지게 되는 것이다. 따라서 인간과 인간의 결합과 통일은 절대적인 것이 아니며 인간의 대립과 분열도 절대적이 아니다. 인간의 통일과 대립이 절대적이 아니고 상대적이라는 것은 결코 통일과 대립을 절대적으로 부정할 수 있다는 것을 의미하지 않는다. 만일 인간이 결합과 통일을 절대적으로 부정하거나 대립과 분열을 절대적으로 부정할 때는 대립물의 통일의 기본 구조 자체가 부정되어 인간의 본질적 속성 자체가 치명적인 타격을 받게 될 것이다.

버림받은 자의 비참한 최후는 결합과 통일 자체를 절대적으로 부정하고 대립과 분열을 절대적으로 긍정한 결과 초래된 것이라고 볼 수 있다.

물질이 발전하면서 대립되는 요소들의 대립 방식도 변화되고 대립되는 요소들을 통일시키는 결합방식도 달라지게 된다. 무생명 물질들을 통일시키는 물리, 화학적인 결합방식과 생명물질들을 통일시키는 유기적인 결합방식, 사회적 존재인 사람들을 통일시키는 목적의식적인 사회적 결합방식은 결합방식이라는 공통성도 있지만 질적 차이가 있다. 보다 발전된 물질과 덜 발전된 물질을 대비할 때 대립방식이나 결합방식의 공통성만 보려고 하거

사회적 집단이다. 제왕은 자기에게 명예를 안겨주도록 사회적 집단에게 강요하지만, 강요에 의하여 얻은 명예는 진짜 명예가 아니다. 그럼에도 불구하고 봉건제왕이나 독재가가 사회적 집단에게 명예를 강요하는 것은 명예를 주는 주체가 사회적 집단이라는 것을 말해준다.

나 차이성만을 보려고 해서는 안 된다.

개인들은 사회적 집단으로 결합시키는 요인은 사회적 관계만이 아니다. **사회적 의식**은 사회성원들의 공통적인 정신적 유대라고 볼 수 있다. 사회에서 통용되는 언어와 사상과 문화를 모르고서는 사회의 한 성원으로 살 수 없다. 사회에는 많은 사회적 재부가 있다. 사람들은 **사회적 재부**를 이용하지 않고서는 사람답게 살 수 없다. 사회적 의식과 사회적 재부와 **사회적 관계**는 다 객관화되고 사회화되어 있으며 개인의 의사와는 관계없이 계속 발전한다. 개인은 사회적 의식과 사회적 재부, 사회적 관계를 떠나서는 살 수도 없고 발전할 수도 없다. 개인들은 서로 다른 삶의 요구와 이해관계로 하여 서로 대립되어 있으면서도 사회적 의식과 사회적 재부, 사회적 관계의 공통성으로 하여 사회적 집단으로 결합되지 않을 수 없다.

그것은 생물학적 존재로부터 사회적 존재로의 이행이 **생명체 발전의 기본 방향**이기 때문이다.

II. 개인은 고독할 때 심한 고통을 느끼고

개인도 생명을 가지고 있고 집단도 생명을 가지고 있다고 할 때 양자가 서로 분리되어 있다는 것을 의미하지 않는다. 집단이 개인의 생명을 자기 생명의 구성요인으로 포함하고 있을 뿐 아니라 개인도 집단의 성원으로서 집단의 생명을 자기의 생명으로 체현하고 있다. 그러므로 개인들의 생명이 끊어질 때 집단도 아파하고 집단과 개인의 생명이 끊어질 때 개인도 심한 고통을 느끼게 된다.[5]

---

5) 고리끼는 전설을 취급한 자기 작품에서 사회적 집단으로부터 버림받은 존재의 신세가 얼마나 가련한가를 보여주고 있다.
"옛날 평화롭고 화목하게 살아가고 있는 어느 한 공동체에 큰 독수리가 날아와 처녀를 채어 날아갔다. 그 후 20년이 지난 다음 그 처녀가 20세 가량 되는 청년을 데리고 돌아왔다. 여자의 말에 의하면 깊은 산속에서 독수리와 함께 살았는데, 독수리가 늙어 죽었기 때문에 아들을 데리고 고향을 찾아왔다는 것이었다.
독수리의 아들인 청년은 끝없이 교만하여 공동체의 원로들이 묻는 말에 대답도 이것은 인간이 사회적 존재로서 사회적 집단과 함께 사회적 관계를 맺고 살아야 한다는 인간의 본성을 배반하였을 때에는 배반자를 인간의 본성이 스스로 처벌하게 되는데, 이 처벌이야말로 외부적으로 가해지는 어떤 다른 처벌보다도 가장 고통스러운 처벌이라는 것을 말하여 주고 있는 것이다.

그러면 인간의 사회적 본성의 진수는 어디에 있는가.

마르크스는 **인간의 본질**을 사회적 관계(경제관계)의 총체로 규정하였다. 이것은 당시로서는 탁견이었다고 볼 수 있다. 그러나 그는 역시 생명을 어디까지나 생물학적 속성으로만 이해하였으며 사회적 생명에 대한 인식을 가지지 못하였다.

생명체로서의 인간은 연속적인 존재인 동시에 불연속적인 존재이다. 부모로부터 자식이 태어나고 그 자식으로부터 또 자식이 태어난다. 이것으로서 생명체의 존재가 혈연적으로 연속되어 있다는 것은 명백하다. 그러나 부모와 자식은 똑같은 존재가 아닐 뿐 아니라 자식은 부모의 한 부분이 아니다. 자식은 사회적 집단의 한성원으로서는 독자성을 가진 존재이다. **인간의 생명의 사회적 속성**인 자주적인 사상의식과 창조적 힘의 경우에도 **계승성**과

하지 않을 뿐 아니라 원로의 한 사람의 딸이 자기 요구를 받아주지 않는다고 하여 원로들 앞에서 처녀를 무참히 밟아 죽였다. 격분한 공동체 성원들은 그 청년을 결박해놓고 어떤 방법으로 죽이는 것이 가장 큰 고통을 주겠는가에 대해 오래 토론하였다. 마침내 한 현자의 제의에 의하여 그 자를 그냥 풀어주어 혼자서 자유롭게 살도록 내버려두기로 결정하였다. 이때부터 청년은 인간의 집단으로부터 완전히 버림받은 존재로 되었다.

청년은 집단과 싸워 자기가 이겼다고 우쭐거리며 혼자서 자유롭게 살았다. 공동체의 가축도 훔쳐가고 양곡도 약탈해갔다. 그러나 그 누구도 그를 상대하는 사람은 없었다.

그 청년은 먹는 데는 걱정이 없었으나 점차 고독을 느끼게 되었다. 나중에는 사람들이 자신을 때려주고 죽여줄 것을 바라게 되었으나 그 누구도 그에게 접근하려고 하지 않았다. 그의 고독과 슬픔은 극도에 도달하였다. 그는 죽지도 못하고 살지도 못하고 오직 슬픔만이 가득 찬 고통의 화신으로 되어 **그림자와 같이 말라죽게 되었다**."

고리끼는 "그의 아버지는 짐승인 새였기에 고독하게 자유롭게 살 수 있었지만, 그 청년은 사람이었기에 아버지와 같이 고독하게 자유롭게 살 수는 없었다"고 결론을 지었다.

함께 매 세대들의 **독자성**을 찾아볼 수 있다.

인간은 연속적인 존재인 동시에 불연속적인 존재이며 집단적인 존재인 동시에 개별적인 존재이다. 이 점에서 인간은 대립물의 통일을 이루고 있는 존재라고 볼 수 있다.

III. 사상은 삶의 요구와 이해관계의 반영으로

삶의 요구와 이해관계는 사회적 의식인 **사상의식**을 통하여 표현된다. 사람들의 삶의 요구를 사회적인 방법으로 결합시킨다는 것은 무엇보다도 모든 성원들이 사회적 집단의 삶의 요구와 이해관계를 반영한 **올바른 사상**을 가지게 한다는 것을 의미한다. 만일 민족의 모든 성원들이 자기 민족의 삶을 요구와 이해관계를 반영한 **애국애족의 사상**을 가지게 되면 사회적 집단으로서의 자기의 고유한 생명을 가진 민족, 제 정신을 가진 민족이라고 볼 수있다. **이러한 민족의 생명은 필승불패이며**, 어떤 어려운 환경 속에서도 자기 운명을 자체의 힘으로 확고하게 개척해나갈 수 있다고 단언할 수있다.

그럼에도 불구하고 아직도 많은 사람들이 인간의 삶의 요구와 이해관계를 반영한 사회적 의식인 **사상**을 생명과 결부시켜 이해하지 못하는 데로부터 **사상적 결합의 중요성**에 관심을 돌리지 못하고 있다. 이런 사람들은 개인의 생명만을 생명으로 인정하고 사회적 집단의 생명을 생명으로 인정하지 않으며, 개인의 사상만을 사상으로 인정하고 사회적 집단의 사상을 사상으로 인정하지 않고 있다. 그리하여 자기 민족의 삶의 요구와 이해관계를 반영한 사상을 진지하게 연구하여 인민들 속에 보급할 생각은 하지 않고, 사상의 다양성만 강조하면서 저마다 사상의 대가로 행세하는가 하면, 남의 사상을 소개하는 데만 급급하고 있는 형편이다.

민족이 자기 운명을 개척해 나가는데 있어서 무엇이 이익이고 무엇이 손해인가를 과학적으로 연구할 수 있는 것처럼 민족의 삶의 요구와 이해관계를 반영한 **사상**도 과학적으로 연구하고 발전시킬 수 있다. 민족 공동의 사상을 연구하고 발전시키기 위해서는 서로 다른 관점과 견해를 종합하는 것이 필요하며, 어느 개인의 사상을 절대화하고 다른 사람들의 사상적 견해를 무조건 부정하는 것과 같은 사상적 독재는 허용될 수 없을 것이다. **그러나 사상적 진리의 존재와 사상적 통일성의 중요성을 부정하고 사상의 자유만을 주장하는 것은 옳지 않다.** 사상이 인간의 생명, 민족의 생명, 더 나아가 인류의 생명과 관련되어 있는 만큼 인간의 생명, 민족의 생명, 인류의 생명을 해치는 사상을 그대로 내버려 둘 수는 없다. 그릇된 사상을 비판하는 사상적 자유는 응당 허용되어야 할 것이다.

우리는 일상생활에서는 자기의 개인적인 이익을 보호하려는 욕망이 앞서지만, 극장에 가서는 그럴 필요가 없기 때문에 기쁨과 슬픔을 같이 나누려는 본성, 즉 생명을 같이 하려는 본성이 거침없이 발로될 수 있다는 사실과 인간이 기쁨을 같이 할 뿐 아니라 슬픔과 고통을 같이 하려는 것도 사회적 인간의 본성의 표현이라는 것을 찾아볼 수 있는 것이다.

이것은 사람들 사이의 불평등과 적대관계가 없는 조건에서는 고립적으로 사는 것보다 많은 사람들이 결합되어 기쁨과 고통을 같이 나누며 사는 것이 비할 바 없이 행복하다는 것을 말해준다.

Ⅳ. 명예는 사회적 집단이 주는 것

혼자 고생을 하는 것은 고통스럽지만 공동의 운명을 개척하기 위하여 다 같이 고생하는 것은 고통스럽지 않다. 이 때에는 공동의 고생에서 면제되는 것이 오히려 고통스러운 법이다. 혼자서 죽는 것은 무섭지만 공동의 운명을 위하여 같이 죽는 것은 두렵지 않다. 이때 혼자 살아남을 것을 바라는 것은 인간의 본성이 아니다. 인간은 오히려 사회적 집단의 공동의 운명에서 제외되는 것을 고통으로 여긴다. 공동의 운명에서 제외된다는 것은 집단의 생명과의 연계가 끊어진다는 것을 의미하기 때문이다.

혼자 잘 살려는 것이 인간의 본성의 전부인 것처럼 생각하는 것은 잘못이다. 우선 자기부터 잘 살고 보자는 것이 인간의 생명이 개인적이라는 사정과 관련되어 있다면, 다같이 함께 잘 살 것을 요구하는 것은 인간의 생명이 집단적이라는 사정과 관련되어 있는 것이다.

인간의 본성은 이 두 면을 가지고 있다. 그러므로 마치 극장에서와 같이 개인의 자주성을 침해당할 우려가 없도록 **민주주의적 질서가 철저히 보장된 기초 위에서 보다 많은 사람들이 거침없이 결합되어 생사운명을 같이 해나가는 사회적 집단이야말로 가장 힘있는 생명을 지닌 집단이라고 볼 수 있다.** 또 이러한 사회적 조건이 마련된 사회일수록 인간의 사회적 본성에 맞는 **훌륭한 사회**라고 평가할 수 있을 것이다.

개인이 고립적으로 살 수 없다는 것은 개인의 생명의 원천이 사회적 집단이라는 것을 말해주는 것이다. 개인의 삶은 아무리 잘 살아도 한 대에서 끝난다. **영생하는 것은 사회적 집단의 생명뿐이다.** 개인의 생명은 오직 사회적 집단의 생명과 결부됨으로써만 영생하는 생명의 한 부분으로서 영생의 요구를 실현할 수 있는 것이다. 개인의 생명을 사회적 집단의 생명과 결부시킬 것을 요구하는 것은 인간의 사회적 본성의 중요한 표현이다.

명예는 개인의 삶에 대한 사회적 집단의 긍정적인 평가다. 개인은 자기의 삶이 사회적 집단의 요구에 맞는다고 평가될 때 커다란 기쁨과 만족을 느낀다. **사회적 집단은 사회가 발전할수록 개인의 명예를 더욱 존중히 여기고 명예욕을 충족시킬 수 있도록 개인의 생명활동에 대한 올바른 사회적 평가를 주어야 하며, 그것이 개인의 생명과 사회적 집단의 생명을 통일시키는데 이바지하도록 깊은 관심을 돌려야 할 것이다.** 이와 함께 사회적 집단에게 명예를 강요하는 독재자들의 반인민적 권력행사와 개인숭배를 고취하는 기만선전을 배격하여야 하며, 사회적 명예를 얻어보려고 가면을 쓰고 사회적 집단의 환심을 사기 위한 사기협잡을 일삼는 자들의 정체를 폭로 비판하여야 할 것이다.

개인의 생명은 집단의 생명의 한 구성 부분이다. 그러므로 집단의 생명은 개인의 생명보다 귀중하다. 이런 점에서 개인의 생명보다는 가족의 생명이 더 귀중하며, 가족의 생명보다는 민족의 생명이 더 귀중하고, 민족의 생명보다는 인류의 생명이 더 귀중하다고 말할 수 있다. 그러나 아직 인류는 하나의 운명공동체로 결합되지 못하였다. 지금 역사는 민족이나 국가를 기본단위로 하는 생활공동체로부터 단일한 인류공동체로 넘어가는 과도기에 처해 있다. 그러므로 현실적으로 개인에게 가장 귀중한 생명은 민족의 생명이다. 개인은 자기 민족의 생명을 구원하고 발전시키는데 1차적인 관심을 돌려야 한다. 그러나 민족발전의 방향은 인류 발전의 요구에 부합되어야 할 것이다.[6] 따라서 우리는 이 시대의 민족사적 당면과제인 민족의 평화통일에 먼저 일로매진(一路邁進)해가야 할 것이다.

우리가 인간중심 민주주의와 더불어 자유 민족주의(liberal nationalism)를 나비(butterfly: 민주주의)와 고치(cocoon: 민족주의)의 상관관계로 예를 들면서 역설하는 이유도 여기에 있는 것이다.

6) 개인들은 집단에 종속된 한 부분이 아니라 평등한 공동의 주인이다. 이러한 관계는 인류에 대한 민족의 관계에서도 같다고 볼 수 있다.

제6장
왜 이념당 건설인가?: 제4부와 관련하여

*** 제4부를 통한 계획적 균형적 발전을 위해 민주주의 이념당 건설이 필요하다**

1. 3권분립에 대해

정치문제에서 중요한 것은 우리 민주주의 정치에서 제일 큰 발견으로 3권 분립이다. 이것이 제일 큰 성과이다. 그런데 아직도 3권 분립이 철저히 연구되지 않았다. **3권 분립 자체는 개인주의 민주주의의 원리이다**. 이것을 공산주의자들은 반대했다. 왜 정권을 분리시키는가? 정권은 하나인데 말이다. 그러나 3권을 분리한다는 것은 대단히 중요하고 모든 조직에서 받아들여야 하는 것이다.

다시 한번 이야기하면 **지도기관, 집행기관, 검열기관**이 셋을 분리시켜서 독자적으로 한 것이 중요하다. 사법기관이라는 것은 사실은 검열기관이다. 일이 잘 됐는가 안 됐는가 검열하는 것이다. 그러나 이것이 어느 나라나 잘 안되어 있다. 미국같이 발전된 나라도 대통령이 행정기관을 대표하고 있는데 그런데 인민이 선거하는 기관이 두 개다. 하나는 국회이고 국회는 상·하 양원이 있고 또 하나는 대통령이다.

이것 역시 3권 분립만 가지고는 통일이 잘 안 된다. 서로 견제해서 독재를 피하기 위한 것은 좋은데 통일이 안 된다.

2. 개인주의와 집단주의의 통일

개인(주의)의 장점은 어디에 있는가? ①욕망이 다양하고, ②창조적 능력이 다양하고 ③자기 이익을 위한 적극성이 강하고 이 3가지다. 욕망이 없이는 사람이 발전할 수 없고, 욕망이 다양해야 옳은 욕망을 세울 수 있다. 능력이 다양해야 결합되어 창조력이 강화된다. 개인은 자신의 이익을 위해

남이 하라고 하지 않아도 적극성을 띤다. 집단은 서로 눈치보며 미룬다.

그런데서 ①개인의 창조적 적극성, ②개인의 다양한 요구, ③다양한 능력 이것이 **개인주의가 가지는 장점**이다.

집단주의의 장점은 무엇인가? ①결합, ②통일, ③협조하는 것이다. ④미래를 내다보는 것이다. 개인주의의 자본주의적 민주주의에서 지도이념이라고 하는 것이 자유민주주의와 시장경제라고 하는 것인데, 사실은 정확한 것이 아닌데 이렇게 발전된 조건에서 자유주의와 시장경제가 특징으로 된다.

자유주의라고 하는 것이 목표가 아니다. 물론 억압당해 있는 편에서 자유를 쟁취하는 것은 목적으로 되지만 이런 것이 이루어진 마당에서는 어떻게 어떤 목표를 향해서 자유주의를 실현하였는가 하는 것이 중요하다.

지구상에서 완전한 자유를 얻는 것이 목표가 된다. 그 다음에는 태양계에서 완전히 자유를 얻는 것 이것도 목표가 된다. 지금은 그런 것이 아니고 그저 개인의 자유이다. 그 다음에는 평등이다. 이는 차별없이 대우를 받는 것이다. 일한 것만큼 차별없이 대우를 받는 것이다. 그런데서 시장경제가 우월하다. 그것은 어떻게 되었던지간에 제품을 잘 만든 것만큼 평가를 받게 되어 있기 때문이다.

그런데 시장에서는 미래에 관한 것은 전혀 토론을 하는 것이 아니다. 지금 현재 물건값이 얼마인가 이런 것만 토론을 하지, 시장에서 지진을 완전히 없애는 데 대한 토론을 하는 것이 아니다. 그런 말을 하면 미친 사람이라고 한다. 물가만 생각하고 그러니까 교육을 앞세우기 위한 문제, 대통령의 권한을 어떻게 하는가에 대한 문제 등에 대한 토론은 아니한다.

집단주의의 가장 우월한 점은 결합해서 협조하고 미래를 내다보면서 일을 하는 것이다. 집단주의의 생명은 대를 이어서 영원하기 때문에 이것을 어떻게 결합시키겠는가 하는 것이다. 그런데 여기서 제일 처음으로 해야할 문제가 무엇인가? 통일이다.

통일을 실현하는데 첫째로 해결해야 할 문제가 사상적인 통일이다. 사상적인 통일에서 첫째로 해결해야할 문제가 새로운 지도이념을 만드는 것이다. 그것은 한사람인 경우에는 개인이 세워도 되지만 집단의 목적을 세우려면 모여서 토론을 하지 않으면 안 된다.

3. 제4부(권), 지도사상부[7]: 인간중심 민주주의로 사상적 통일을 위하여

그러므로 공동의 목적을 세우기 위한 이념이 필요하다. 이것은 미래를 내다보면서 세우지 않으면 안 된다. 그런 미래를 내다보면서 세우는 목적, 그 이념이 미국과 같은 발전된 나라에 없다. 부닥친 문제에 대해서 국민이 앞으로 어떻게 해나가야 할지에 대한 토론이 없다.

그래서 미국과 같이 잘 사는 나라는 이제는 거기에 만족하지 말고 세계를 민주화하는데 앞장서야 되겠는데 그런 목표를 세우지 않는다. 지금까지는 그래도 서반구를 개척해가는 정신을 가지고 저렇게 위대한 나라를 만들었는데 이제는 그 이상 나가자면 세계를 민주화하는 길밖에 없다. 그 목표를 내세우지 못한다.

이라크전쟁만 하더라도 얼마 안가서 1,800억불을 썼다고 하는데 군산복합체에서 만든 무기를 판 것이다. 미국기업이 미국정부에 판 것이다. 만약 그 돈을 사상전을 하는데 돌리게 되면 세계를 아주 쉽게 민주화할 수 있다.

---

7) 사상지도부라고 하기보다는 지도이념처럼 지도사상부가 맞다. 왜 이념당이라고 했는가? 사상지도부라고 하게 되면 하나의 권력기관과 비슷하게 된다. 이제 앞으로는 여러 가지 사상을 주장하는 것도 허용하자는 것이다. 그렇게 하기 위해서는 역시 국가적인 기관이면서도 당적인 성격을 가지고서 밑으로부터 쭉 올라오면서 지도사상을 계속 발전시키고, 발전시켜가지고는 1~2년에 한번이든가 국회에서 통과시키고 그 다음에는 그것을 가지고서 계속하여 발전시켜 나가야 한다. 개인들은 개인들의 자기의 주장, 사상을 발전시키는 것이다. 언론의 자유도 준다. 그러나 이것이 없이 지금은 우리 자본주의사회에서 사상교육을 전혀 하지 않는다. 6.25전쟁이 어떻게 되었다는 것도 교육을 제대로 하고 있지 않다. 이렇게 사상교육을 전혀 안 하니까 이를 위해 이념당이라고 하는 것이 국가기관의 하나가 되면서 당으로서 그 역할을 한다. 앞으로 더 공고화된 다음에는 (개인주의)사상의 자유 등 다른 것을 다 주어도 괜찮다. 그래서 지금 이념당을 말하고 있고 또 그렇게 하여 국제적인 (이념)당을 만들 수도 있다. 사상이라고 하는 것은 자유롭게 발전시키지 않으면 안 된다. 강행해서는 안 된다. 앞으로 구체적인 것은 좀 더 토론해야 되겠지만 지금 이념당이라는 것은 결합과 통일을 위한 발전의 목표를 두고 있지만 기존의 정당에는 이러한 목표가 없다.

물론 미국 국외정치에서도 물리적인 힘보다는 평화정책이 미국의 국익에도 도움이 된다하여 대외강경정책의 기조를 바꾸면서 그 틈새를 빌어 한국의 경우 산업화와 민주화도 이루게 되었지만 말이다.

그러니까 역시 세계최강의 나라가 되어가지고 그 테두리를 벗어나지 못한다. 이것이 한 나라로서는 민주주의의 문제들로 개인주의 인권의 문제, 민족문제, 인종문제를 다 해결했다. 최고로 발전된 민주주의로 다 해결했다.

그러나 사상적인 통일, 사상적인 목표가 없다. 그것을 끌고 미국인이 더 노력하고 앞으로 나아가야 하겠는데 그것이 없다. 이것은 일본도 마찬가지다. 일본인에게 말하기를 3끼 먹는 것을 12끼 먹어서 좋을 것이 뭐가 있는가? 이제는 과학 교육을 발전시키고, 정치를 더욱 발전시키고 세계민주화에 앞장서야지 지금보다 더 잘 살아서 뭐하겠는가? 그러므로 균형적으로 발전하지 못해서 마약피우는 사람이 있고 거지도 있고 하지만, 전반적인 생산력의 발전수준은 미국은 맑스가 수요에 의해서 마음대로 살 수 있는 것이 **공산사회**라고 하는데 지금은 이를 훨씬 초과하였다. 맑스의 임종이 1883년인데 처음으로 자동차가 나왔다. 지금은 자동차라는 것은 자전거라는 것과 같이 되었다. 그래서 목표를 주고 그것을 향해서 인민들을 주도해 나가자면 개인주의 지도이념을 갱신하여야 되겠고, 인간중심(人乃天)민주주의 지도이념을 가지고서 사람을 결합해서 통일을 이룩하여야 한다. 이 역할 하는 분야가 3권분립에 이어 제4권(부)이라고 하고 이것을 이념당이 담당하여야 한다.

4. 이념당의 건설: 대립물의 통일로

이념당은 정권을 쟁취하기 위한 정당이 아니라 민주주의적인 정권을 그냥 인정하고 거기서 모든 국민들이 예외없이 이런 새로운 민주주의적인 지도이념으로 경험을 바꿔야 한다. 이것만은 정권이 보장해주어야 한다. 그러나 사상은 강요할 수 없기 때문에 교육을 받고서 자기사상으로 만드는 것은 개인들에 맡기는 것이다.

어떤 사람들이 강제가 필요하지 않은가 하는데 그러나 사상은 강제로 해서는 안 된다. 다 교육을 받게만 해도 다 따라오게 된다. 처음에는 제대로 알지도 못하기 때문에 그러나 기본세력들이 따라오면 다 따라오게 된다. 이렇게 되면 **사상의 통일에 기초한 협조가 가능하다**.

이것은 앞으로도 시간을 두고 계속 토론하여야 한다. 우리가 생각한 것을 일시에 다 말할 수가 없다. 사실은 이러한 이념당 건설이 중요한 것을 암시받은 것은 공산당에서 받았다. 공산당이 계급에 인간의 본성을 종속시킬려는 근본적으로 잘못된 사상인데 사람이 있고서야 계급이 있는 것인데 그러나 이것을 사상적으로 통일을 시켜놓으니까 별 해괴망칙한 것을 해도 통일이 되어 있다. 중국에서의 문화대혁명은 미친 사람들이 하는 짓인데도 그런데도 견디어 내는 것은 사상의 힘이다. 만약에 그것을 옳은 민주주의적인 이념당에서 교육을 받게 하게 되면 강요가 필요없다. 절대다수가 따라오게 된다.

그래서 이 다음에 정권이 공고화될 때에는 사상의 자유를 다 준다. 개인적인 사상에 대해 자유를 주어도 비뚤어나가는 사람이 많지 않다. 100% 사상이 실현되는 것은 불가능하다. 그래서 대립물의 통일이다. 대립도 포용하면서 통일을 해나가야 한다. 이것은 계속 토론해나가야 한다.

5. 사회민주주의란?: 기초는 개인주의로

개인주의적인 민주주의에서 기본은 역시 평등이다. 평등은 조건이지 목표는 아니다. 자유는 억압되어 있다가 자유를 얻자고 하면 목표지만 그 이후는 아니다. 자유와 평등 중 기본은 평등이다. 집단주의에서는 협조가 기본이다. 거기서 다른 점은 하나는 한 세대에서 끝나니까 유한한 것이고 다른 하나는 미래를 내다보고 있다. 발전된 나라에서도 목표가 없다보니 정력이 나오지 않는다. 목표가 있어야 정력이 나온다. 그러니 쉽게 안전하게 더 잘 살자는 것이 사회민주주의이다. 반란도 일어나지 않게 안전하게 축적한 것을 나누자고 하는 것이 사회민주주의이다. 이 당시의 사회민주주의는 원래는 계급주의의 성격을 띠었다. 공산주의가 원래는 사회민주당으로 출발했다. 그것은 베른스타인이 좀 더 자본주의적인 것으로 접근시켰을 뿐이지 역시 공산당이 수정된 것이다. 지금의 사회민주당은 베른스타인이나 카우츠키와는 다르다. 기초가 개인주의이다.

6. 계획적 균형적 발전을: 개인주의와 집단주의의 장점을 이념당 교육으로

그 다음에 기본원리는 개인주의의 장점과 집단주의의 장점을 결합시키는 것이다. 정치에서 어떻게 양장점을 결합시킬 것인가? 개인주의적인 데서 중요한 것은 개인의 자유와 평등으로, 시장경제라는 것이 개인의 자유와 평등을 구현한 것이다. 그런데 이것이 통일과 협동과 미래를 내다보는데까지 전망하는 것이 없다. 개인주의를 여기에다 결합시켜야 한다. 시장경제를 중심으로 하는 자본주의적 경제를 말살하려고 하면 안 된다.

개인주의를 말살할 수가 없다. 왜 그런가? 사람은 개인적 존재인 동시에 집단적인 존재이기 때문에 집단주의를 가지고 개인주의를 말살하려고 해도 안 되고, 개인주의를 가지고 집단주의를 말살하려고 해도 안 된다. 두 장점을 결합시켜야 한다. 경제에서 마찬가지다. 개인주의적인 경제와 집단주의적인 경제의 장점을 결합시켜나가야 한다.

집단주의의 장점은 무엇인가? 통일해서 협조하는 것하고 미래의 목표를 내세워서 협조하는 것이다. 그런데 소련은 무엇을 잘못했는가? 개인주의를 없이 하는 방향에서 집단주의를 주장한 것이다. 그러므로 미래를 생각하면서 계획을 세우는 것을 두고 첫째로 해결해야 할 것은, 개인의 욕망을 충족시키는 문제와 집단의 욕망을 충족시키는 문제를 다 같이 균형적으로 발전시킬 것을 생각하지 않으면 안되었다.

계획적 균형적 발전법칙이라고 했는데 그런데 균형을 맞추는데는 개인의 욕망을 억제하고 집단의 욕망만 내세우고, 첫째로 개인의 이익과 집단의 이익의 균형의 문제를 해결해야 되겠는데, 그것은 내놓고 집단주의적으로만 균형을 맞추려고 하니까 수요와 공급이고, 무슨 1차 산업이요 2차 산업만 자꾸 주장하였다. ①개인의 창의성, ②개인의 욕망, ③개인의 적극성 이런 개인주의의 가치를 것 다 희생시키고 말았다.

그래서 **경제학을 개조해야** 한다. 개조하는 데는 자본주의적 경제의 장점을 살리면서 동시에 개인적인 이익과 집단적인 이익의 균형을 맞추고, 현재와 미래의 균형은 맞추고, 이렇게 해서 **생산수단에 대한 소유형태도** 거기에 맞게 개인주의적 이해관계에도 맞고, 집단의 이해관계에도 맞고, 현대의 이익에도, 미래의 이익에도 맞게 하여야 한다.

그러니까 생산수단도 다양한 형태로 해야 한다. 맑스주의자들은 생산수단의 소유형태를 국가적 소유 하나로 하자고 했다. 또 자본주의에서는 모든 면에서 민영화를 말하고 있다. 정부가 해야 할 일이 많은데도 불구하고 작은 정부를 말하고 있는데 옛날식으로 정부는 관계하지 말고 자유롭게 두라는 것이다. 이것이 **자유주의**이다. 이 자유주의의 한계를 지적한 것이 **케인즈주의**이다. 그것이 다시 잘못됐다고 나온 것이 **신자유주의**이다. 그러기 때문에 **오늘의 경제학은 개인주의의 장점과 집단주의의 장점을 통일하여 협조하고 미래를 내다보면서 협력하는 경제이론을 이념당의 교육으로 발전시켜가야 한다.**

7. 『자본론』3권의 사상: 중국의 시장사회주의 도입에 대해

자본주의체제에서 유기적 구성을 말하는 것은 잘못된 것이다. 그것은 결국은 자본가들이 자기의 자본이 큰 것만큼 큰 이윤을 받고 작은 것만큼 작은 이윤을 받자는 요구로부터 출발한 것이다. 자연히 평균이윤이 형성된다는 말이다. 그러니까 맑스의 『자본론』3권에서는 여러 가지 자본가가 나온다. 상업자본과 산업자본, 금융자본과 지주 등 여러 가지가 나오는데 이들이 어느 한 자본가가 많은 이윤을 받게 되면 그 쪽으로 쏠리기 때문에 결국에 가서는 평균이윤을 나눠먹게 된다는 것이 『자본론』3권의 사상이다.

중국이 지금 잘 나가는 것은 큰 테두리에서 미래를 내다보면서 계획을 세우고 그 다음에는 개인의 창의성을 발휘하는 개인주의적인 경제체계를 도입한다. 이것이 한계를 어떻게 두고 있는가는 아직은 모른다. 이론을 가지고 하는 것은 아니다. 그 사람들이 계획경제를 하다보니까 혼이 났다. 계획경제라는 것이 개인적인 창의성, 개인적인 자유를 억제, 말살하기 위한 계급경제이다. 그러므로 잘못된 것이다. 개인의 창의성이 발휘되지 못하게 된 것이다.　　인간의 본성에 어긋나는 것을 자꾸 한 것이다. **계급주의**가 그것이다. 혼이 나고서는 개인주의를 도입하게 되었지만 정권만은 주지 않은 것이다. 정권을 내주지 않고서 어떻게 할 수 없겠는가? 정권의 테두리에서 큰 테두리를 두고 나아가야 할 계획, 방향을 세워 양적으로라도 미국을 따라가자는 것이다. 그것이 이들의 방향이다. 방향에 맞게 계획을 세우고, 이를 실현하기 위해서 개인주의적인 시장경제를 도입하자는 것이다.

8. 기계수단이 많을 수록 자본의 유기적 구성이 높다

그런데 맑스의 자본론을 보게 되면, 헤겔의 변증법도 마찬가지지만, 독일인들이 모든 것을 관념적으로 무엇을 짜서 사고를 하기 때문에 압도된다. 평균이윤을 보게 되면 알기 쉽게 얘기할 수 있을 것 같은데 **새로운 가치를 창조하는 것은 인간의 산 노동밖에 없다고 생각했다.** 그러다보니 생산수단, 기계의 기술수단을 많을수록 **유기적 구성이 높다**.

그러면 기계를 제일 많이 쓰는 기계공업은 생산수단이 제일 많으니까 유기적 구성이 제일 높고, **따라서 유기적 구성이 높을수록 이윤이 없다고 본다**. 노동자를 적게 쓰기 때문에 이윤이 나오는 것이 없다고 본다. 그래서 유기적 구성이 낮아서 기계의 기술수단을 안 쓰는 데서 노동력을 착취할 수밖에 없다. 그런데 노동력이 많은 가치를 창출하기 때문에 노동력을 많이 쓰는 낙후한 기업일수록 이윤을 많이 낸다면 이것이 맞는 이론인가?

피혁공업에서 노동자의 유기적 구성이 7:3이고 방직공업에서는 8:2이고 기계공업에서는 9:1이라고 하게 되면, 기계공업에서는 하나이기 때문에 노동자를 착취해서 100밖에 벌지 못한다. 방직공업에서 200밖에 벌지 못하고, 피혁공업에서는 300을 번다. 그러므로 기술 수준이 높은, 말하자면 유기적 구성이 높은데서 (노동력의 착취를 위해)자꾸 낮은 데로 흘러가자고 하기 때문에 이윤을 많이 갖게되는 것이 소위 **평균이윤**이다. 사실이 그러한가? 유기적 구성이 높을수록 생산을 많이 하고 유리하기 때문에 그 쪽으로 넘어가는 것은 너무나 상식적이지 않은가? **이런 논리를 지대론까지 계속 밀고나갔다.** 지독하게 생각했다. 처음에 출발할 때도 이상하다 했는데 마지막까지 그대로 진행되었다.

9. 헤겔의 논리학: 순유(純有)와 순무(純無)의 정반합의 생성으로

이렇게 매혹되기는 헤겔논리학도 마찬가지다. 잘못되었다고 생각하면서도 반대할 능력이 없었다. 헤겔 논리학은 처음에 제일 단순한 것부터 생각한다. 제일 단순한 존재가 무엇인가? 이것은 책이다, 이것은 가방이다, 이것은 규정성이 없이 그저 존재한다, 존재한다는 특성밖에 없는 가장 단순한 존재부터 출발한다. 이렇게 한 것이다.

그렇게 해놓고서는 헤겔도 그런 것은 실지로 없지 않은가? 이것은 무엇이다라고 하는 것만 있지 아무런 규정성도 없는 실지가 없다, 그러니까 가장 단순한 순수한 유라고 하는 것은 순수한 존재라고 하는 것으로 순수한 무와 같다, 이렇게 나오니까 그럴 듯 해보이기도 하고 그런데 지금와서는 정반대다. 왜 순수한 유와 순수한 무가 같겠는가? 순수한 유라고 하는 것은 규정성은 없어도 모든 존재에 공통적인 유이다. 순수한 무라고 하는 것은 모든 존재가 없는 것이다라고 하는 것인데 왜 같겠는가? 그런데 헤겔은 순수한 유는 순수한 무와 같다. 유가 무로 변했다. 또 무가 유로 변한다. 그럼 이것은 무엇인가? 이것이 없는 것이 생겨나고 있는 것은 소멸하고 이것이 **생성**이다, 이런 식으로 논리를 이끌었다. 이런 식으로 해서 **정반합**으로 되었는데 이는 도저히 우리 상식으로는 이해하지 못하지만 그 후에도 계속 되었다.

10. 대립물(차이성과 통일성) 통일의 원칙: 인식능력과 실천능력이 발전하면 더욱 향상되고

대립물이 통일되어 있다는 것이 왜 모순인가? 모순되는 측면이 있을 뿐이지 왜 모순인가? 실지 사물은 언제나 차이성과 통일성이 결합되어 통일되어 있다. 연속성과 불연속성이 통일되어 있다는 말과 같다.

대립물이 통일되어 있지 않은 대립의 면과 통일의 면이 같이 존재하는데, 대립의 면이 우세를 차지하는 것하고 통일의 면이 우세를 차지하는 것하고 차이가 있다. 대립의 면이 우세를 차지하면 분열하고 통일의 면이 우세를 차지하면 결합된다. 이것이 무슨 모순인가? 왜 논리적인 모순인가?

모순이라는 말 자체는 누가 창을 만들어 어떤 방패든 다 찌를 수 있다고 하고 그 다음에 는 또 방패를 만들어 이 방패는 어떤 창으로서도 찌를 수 없다고 한데서 나온 것이다. 그래서 방패에 너의 창으로 찌르면 어떻게 되느냐고 하니까 말을 못하였다. 그것이 진짜 모순이다.

대립되어 있는 것이 같이 존재하면서 통일된다는 것이 모순이겠는가? 위와 같은 모순이 아니다. 그런데 여기서 사람의 능력을 가지고 한번 성공하게 되면 그 쪽으로 자꾸 기울어진다. 그래서 역사적으로 볼 때는 한번은 우경 쪽으로 나가고 다음은 혼이 나서 좌경으로 된 것만은 사실이다. 이것이 정반합으로 갈 之자로 왔다갔다하는 것은 아니다. 앞으로 천도교 청우당과 같은 인간중심 민주주의의 이념당건설[8]로 **인간의 인식능력이 발전하고 실천능력이 발전하면 더욱 달라지고 좋아질 것이다.**

---

8) 인내천사상으로 해서 이념당을 발전시킬 수 있다. 그런데 북의 청우당이라고 하는 것은 천도교도 잘 모른다. 정신혁(세계사전공)이 대남사업부에 들어가서 부부장이 되어 한 때는 청우당 위원장이 되었다. 그후 천도교를 연구하여 박사수준이 되었다고 한다. 그러나 최덕신, 유미령의 등장 이후에는 그만두었다. 천도교는 토종의 종교로서, 사실은 기독교도 한번 더 종교개혁을 하여야 하는데, 처음 종교개혁은 개인주의적 민주주의의 종교개혁이었다. 루터, 칼빈에 의해서 신앙에 있어서 불평등이 없어지고 신 앞에는 모두 평등하다는 사상이 나오게 되었다. 이제 다시 한번 집단주의 민주주의의 개혁이 필요하다. 그런데 종교를 통합시키는 것이 그렇게 쉽지만 않다.

제3부

통일 민주주의의 정치사상

제7장
자본민주주의 발전의 필수적 조건: 3대 생명력의 강화로

Ⅰ. 보카치오의 『데카메론』

어째서 옛날은 민주주의를 할 수 없었는가? 왜 봉건사회 말기에 민주주의가 나오게 되었는가? 고대 노예(제)사회에서 민주주의가 나왔다고 하지만 그 민주주의하고 자본주의혁명이 일어날 때의 민주주의하고는 전혀 다르다.

형식상으로는 같지만 이 민주주의 사상은 인본주의 사상에서 나왔다. 인간을 존중히 여기고, 인간이 가장 귀중하다는 사상이 민본주의 사상이다. 인간을 존중히 여겨야 하며 인간이 가장 신성한 존재고 귀중한 존재로 보는 것이 인본주의 또는 인문주의라고 말한다.

중세는 사람들의 사상을 지배하던 것이 종교이다. 유럽에서는 그 종교가 예수교이다. 그 때 예수교 역시 자체가 봉건적인 사상으로서 일관되어 있었다. 그래서 성직자(목사)가 마음대로 했다. 그 유명한 것이 면죄부를 팔기 위해 깃발을 들고 돌아다닌 것이다.

사람들을 우매하게 만들어 속여가지고 돈벌이를 했다. 그것은 다른 데서도 다 그렇게 했다. 거기서 루터는 이렇게 해서 되겠는가? 하나님을 믿는다고 하면서 왜 이렇게 차별이 많은가? 왜 성직자들이 마음대로 사람의 운명을 규정하는가? 이것을 신랄하게 비판한 책이 보카치오의 『데카메론』이다. 보카치오(1313-1375)가 이태리인으로서 10일동안의 얘기를 적어 놓은 것이다. 종교가 범한 오류를 잘 설명한 것으로 단테의 『神曲』에 이어 데카메론은 『人曲』으로도 불리어진다.

상, 하 두 권으로 전염병이 돌아서 산으로 사람들이 모여 매일 한번씩 선거를 해서 여왕을 선출하여 얘기를 하게 되어 있다. 그 얘기가 열흘(데카가 10이라는 말)동안 계속되었다고 하는데, 얘기는 10개만 있는 것이 아니라 100개 이상으로 되어 있다. 왜 같은 사람인데 성직자가 특권을 가지는가?

성직자가 사람의 운명까지 마음대로 결정하게 만드는가? 실제로는 이들이 더 많은 나쁜 짓을 했는데, 그것을 데카메론이 폭로한 것이다. 성직자란 것이 좋은 사람도 있지만 이렇게 나쁜 사람이 더 많다는 것을 폭로한 것이다. 그 뿐만 아니라 이 책에는 볼 것이 많다.

한창 교회가 만행을 자행할 때 독일에서는 농민전쟁이 일어났다. **토마스 뮌체른**이라는 사람이 농민전쟁을 지도했다. 그러나 그 농민전쟁(농민폭동)은 진압됐다. 그 후에 로마국왕이 독일에 검열을 위해 검열관을 파견했다. 이 사람이 독일 땅에 들어서자 말자 여자들은 붙잡히면 다 죽였다. 그 근거라는 것이 무엇이냐 하면 라틴말로서 여자가 페미닌이라고 불렀는데 그것이 신앙을 반대한다는 의미가 포함되어 있다는 부당한 이유로 다 죽였다. 그러니까 아무리 암흑세계라 해도 여론이 환기되니까 자꾸 무시할 수 없어 로마법황이 소환했다. 이 아담보이를 감옥에 넣었는데 영국교회는 또 성자라고 해서 데리고 갔다. 그렇게 암흑천지였다.

Ⅱ. 종교개혁에 대해

거기에 비하게 되면 루터나 칼빈의 주장은 대단히 진보적인 것이다. 1530년대에 루터가 종교개혁을 하였는데 드디어 종교에 인본주의사상이 들어오게 된 것이다. 하나님 앞에서는 다 평등해야 된다. 성서가 기본이어야지 왜 성직자, 목사가 마음대로 하는가? 한울님 앞에서는 다 평등해야 한다. 이런 과정을 통해 기독교는 민주주의를 거친 종교라고 할 수있다. 여기에 비해서 이슬람교는 예수교에서 분파된 것으로 마호메트가 예수교를 개조한 것이다. 그 당시로는 예수교보다 더 현실적인 것을 더 많이 삽입했다. 심지어는 빚진 것을 어떻게 물어줘야 하는 것까지 다 들어 있다. 그러나 그 이후는 거기서 꼭 붙들리어 나오지 못하고 있다. 종교가 세속화되지 못하고 신정정치(神政政治)로 굳어진 것이다.

회교에서는 기도를 지도하는 사람을 이맘이라고 한다. 아야톨라 호메이니를 이맘 호메이니로 부르는 것과 같이 이란의 종교지도자로의 종교를 지도

하는 사람, 예배를 지배하는 사람이다. 그런데 이것이 얼마나 한심한가? 거기서는 한 사람이 정식부인을 4명이나 가질 수 있다. 말리에서 보면 여기서는 어떻게 지주가 농민들을 착취하는가를 물으면 이해를 못한다. 그런 것이 없다고 한다. 무슨 땅이 필요한가 대꾸하면서 땅이 뭐 필요한가 되묻는다. 땅이 없으면 다른데 가서 경작이 가능하다고 한다. 사람 키 두 배의 갈대가 쫙 깔려있는데 그 사람들은 더운데도 불구하고 갈대에 불을 질러놓으면 독사도 죽게 되고 그 자리에 땅콩(낙화생)을 심는다. 지금 같으면 밭도 만들고 섬유도 만들 수 있을 것 같은데 말이다.

그러니까 어디가나 땅은 얼마든지 있으니까 지주나 소작노릇을 한 것이 없고 그 역할은 못한다는 것이다. 싫으면 딴 데 가서 또 불 질러놓고, 비료를 주는 법이 없고 불탄 것이 바로 비료가 된다. 그러면 어떻게 해서 잘사는 이와 못사는 이의 차이가 있는가? 종주가(직계 제일 큰 집)에서는 한 사람이 부인을 100명씩 얻는데 이들이 일을 하고, 종주가에 선물도 가져다 주고 이렇게해서 부유하게 산다고 한다. 토지는 의미가 없고 집에는 아무 것도 없다. 그저 빈 공간이다.

Ⅲ. 자산계급의 출현

이렇게 보면 민주주의 사상은 인본주의사상에서 기초하여 나왔다. 그러면 인본주의사상이 나오게 된 기초는 무엇인가? 경제가 발전한 것이다. 그 전에는 농노시대로, 노예는 마음대로 죽였는데, 농노는 죽이지는 못하고 그러나 땅과 함께 팔 수는 있고, 그러나 농노에게는 일정한 자기 몫이 있어서 타작 주는 것과 같다. 노비는 일만 하지만 농노는 자기 땅을 가지고 자기 주인에게 바치기도 하고 그런데 이것이 이제 점차 소작제도로 넘어가게된다. 그러나 소작이지만 노예는 마음대로 죽였고 농노는 죽이지는 못하지만 토지와 함께 팔 수 있으니까 아직은 신분상으로는 예속되어 있다.

그런데 그 다음에는 농노개혁으로 팔지도 못하게 되었다. 이것이 팔지는 못하고 소작은 줄 수 있다. 프랑스혁명 직전에 프랑스 인구가 2,600만인데, 러시아 다음으로 인구가 많았는데, 그 가운데서 2,300만이 부농까지 다 합해서 농민이다. 그 가운데서도 압도적인 다수가 자작농이고, 다음에 자작겸 소작농이 있고 이것이 제일 많다. 압도적인 비중을 차지하고 있는 소작겸 자작농은 자유농민과 같다. 여기서 자기가 먹고 남은 것을 팔 수 있었다. 소생산자, 소상품 생산자로 되었다. 따라서 시장이 커지게 되면서 상품이 많이 돌아가게 되고 그래서 상품을 팔러 다니는 상인들이 경제에서 주도권을 장악하고서 돈을 많이 모으기 시작했다. 이 때부터 상품 화폐관계가 발전하기 시작하였다.

상품을 파는 데는 등가교환이다. 여기서 평등의 사상이 발전하기 시작한다. 공짜는 없고 등가로 바꾸자 상품교환의 주역은 제일 신분이 낮았지만 제일 지혜가 있고 식견이 있는 사람이 상인이었다. 농민은 사농공상(士農工商)이라 해서 농민이 제일 신분적으로 높았는데 4계급 중에 귀족계급을 포함한 무사계급 다음으로 농민이었다. 농민이란 것이 착취의 대상으로 또 농민이 많았으니까 그것을 존중히 여기지 않고서는 농사가 안 되었다. 그 다음에는 수공업자였고 상인들이 제일 신분이 낮았다.

농사란 땅만 파다보니까 세상이 어떻게 돌아가는 것을 모른다. 장사꾼들은 여기저기 돌아다니면서 어느 지방에 무엇이 잘 나는가, 왜 여기는 값이 싸고 비싼가 하는 물정이 환하다. 거기다가 배를 타고 나가서 무역을 하는데 그러다 보니까 배타는 기술도 있어야지 일기예보도 알아맞힐 수 있는 천문도 볼 수 있고, 방향도 알게 되고 해적과 싸우는 방법도 알고 또 선장은 자기가 타고 있는 배가 나라와 같으니까 통솔하는 정치력, 사람관리라는 능력도 발전하고 그 다음에 외국에 가서 팔 때는 그 나라사람과 외교도 할 수 있어야 함으로 이렇게 보면 어느 계급보다도 다방면적으로 장사꾼(상인)들이 비약적인 발전을 한 것이다. 평등의 사상도 발전하고 외교수준이 높아지고 사람관리하는 능력도 배우게 되니 상인들이 일반 인민들 가운데 제일 실력있는 사람으로 되었다. 그러기 때문에 장사꾼들이 칼차고 다니는 우쭐대는 무사들을 보고서 너희들은 힘이나 믿고 있는 것이 무슨 자랑인가? 꾀가 있어야지하고 이렇게 주장하였다.

Ⅳ. 농민혁명의 실패원인: 태평천국의 경우

그러나 농민들은 살 수 없어서 폭동을 일으켰지만 평등의 사상이 없었다. 곧 복고적인 착취를 그들이 또 자행한다. 1850년에 태평천국혁명이 중국에서 일어났을 때 혁명을 주도한 홍수전은 원래 과거시험에 낙방하여 기독교를 믿다가 태평천국의 교주가 되었는데 그 다음으로 참모장이 된 것은 숯구이를 하던 양수청이었다. 왕들을 만들어 동왕, 서왕 등 왕제도를 두었다. 한번은 이런 일이 있었다. 이번에 코로나 발원지인 무한은 3개가 합쳐진 것인데, 한구, 무창, 남하로 그 아래에 이창이란 큰 도시가 있었는데 그곳을 점령하고선 처음에는 빼았아서 나눠먹는다고 했는데 16세 이상되는 처녀들을 다 모아 태평천국의 책임자 홍수전에게 갖다 바쳤다. 그리고나서 양수청이 대장보다도 더 세력을 가지게 되었다. 그런데 얼마나 한심한 일이 일어났는지 보자. 동왕 양수청의 오촌 숙부(아버지와 4촌간)가 지나가는데 다른 왕의 마차 운전수가 일어서지 않았다고 해서 오촌이 동왕한테 나쁘게 얘기해서 다른 왕이 300대를 때렸다. 이것만도 과한 체벌인데 오촌 숙부가 다시 동왕에 얘기해서 다른 왕의 장인이 200대를 또 때렸다. 마부는 목을 잘랐다. 결과적으로 태평천국의 농민혁명이 실패한 것이다. 왜 이렇게 되었을까? 완전히 이것은 얻어먹다시피 하여 배운게 없어서인지 권력을 잡게되니 양반보다 더하게 된 것이다. 민주주의 사회는 없었다. 평등의 사상이 없었던 것이다.

그렇기 때문에 농민전쟁에서 농민이 봉기하기는 하였으나 그 다음에는 아직 정치적으로 뒤떨어지다 보니까 하나도 성공한 것이 없다. 그러나 상인들은 그렇지 않았다. 상인들은 우선은 대중들이 경제가 발전하는 데서 경제의 자립성을 가져야 된다는 것을 알게 되었고 그 다음에는 두뇌가 발전하자 물정을 알게 되어 평등의 사상이 발전하게 되었다. 그래서 사람을 관리하는 정치적 수완은 있게 되어 여기서 **혁명에 성공**할 수 있었다.

V. 고대의 민주주의: 인본주의와는 무관하고

그러니까 민주주의라고 하는 것은 인민이 사회의 주인으로 된다는 주권재민의 사상인데 그런데 그 전에는 왜 못했는가? 그 전에는 다음의 3가지 조건이 구비되지않았다. 물질적 조건도 없었고, 정신적 조건도 없었고, 사회를 관리하는 정치적인 조건도 준비가 안 되었기 때문에 성공할 수없었던 것이다. 그저 남이 민주주의 하니까 본따서 하면 된다고 해서는 안 되는 것이다. 조건이 성숙되지 않고서는 민주주의가 발전할 수가 없다.

그러면 희랍시대의 민주주의는 무엇인가? 철저하게 인본주의가 아니다. 인본주의라면 어떻게 사람들을 마음대로 죽일 수 있겠는가? 노예는 사람으로 보지 않고 가축과 같이 보았다. 역사에 제일 첫 법률은 함무라비법전인데 거기에는 노예는 사람이 아니라고 했다. 사람은 권한을 갖지만 노예는 도구로 취급되었다. 그러기 때문에 이것은 철저하게 노예는 사람으로 보지 않고 도구로 보고, 특권계급만 자유로운 사람으로 보았기 때문에 민주주의, 인본주의사상하고는 관계가 없는 것이다.

그런데도 **왜 민주주의가 있었는가?** 그것은 지배자의 평등을 보장하기 위해서다. 지배자인 노예소유자 가운데는 귀족이 있고 평민도 있었는데 군대로 나갈 때는 귀족은 말타고 나가는 기병이고, 평민가운데서 괜찮게 사는 사람들은 중장보병이라고 해서 무장을 제대로 갖추고 나갔다. 마라톤 전쟁에서 페르시아 군대는 기병인데 이것을 이겨낸 주력군이 평민의 중장보병이다. 그들이 일치돼서 밀고 나가는데는 기병이 맥을 못추었다. 그 다음에 경보병이 있고 그 다음에 100여조를 조직하는데 한 개조로 된 무산계급의 군대, 프로레타리아트가 있었다. 가난하고 아이는 많은 계급을 프로레타리아트라고 했다.

기본전쟁에서 노예와 싸워서 이긴다는 것은 전쟁에서 노예를 잡아온다는 것이다. 그런데 귀족들이 건방지게 나오며 차별대우를 하니까, 중장보병의 평민들이 좋다 그러면 너희 마음대로 해라, 우리는 우리대로 독립해서 나가겠다고 하자 귀족이 자신들의 기병만 가지고는 자기를 보호할 수 없게 되었다. 노예한테 맞아 죽게 되자 이제는 입과 이의 관계(脣亡齒寒)라며 자꾸 설복하여 호민관이 나오게 되었다. 그래서 민주주의가 나오게 된다. 노예제 사회에서 자유민에게 평등을 보장하지 않고는 노예한테 이길 수 없다. **여기서 나온 민주주의가 희랍이나 로마에서 나오게된 민주주의이다.** 그러니까 고대의 민주주의는 인본주의, 즉 사람의 인격을 존중히 여기고 인권을 옹호하겠다는 인본주의 사상하고는 관계가 없다.

형식상으로는 비슷하다. **형식상으로는 자유와 평등이 보장되어 민주주의라고 하지만 사상발전의 견지에서 보면 봉건사상 밖에 되지 못한다. 이런 면에서 더 철저한 폭력주의이다.**

Ⅵ. 발전민주주의의 3조건: 정신적(인문), 물질적(자연), 사회협조적(정치) 생명력

여기서 민주주의 즉 인민이 주권의 주인이 되기 위해서는 조건이 필요하다. 무슨 조건인가? 민주주의라는 것이 사람과의 관계로 사람의 관계는 자유와 평등의 관계이다. 그 관계는 무엇에 의해서 규정되겠는가? 예를 들어 우리 두 사람의 관계는 무엇에 의해 규정되겠는가? 만약에 한 사람이 월등하게 힘이 세고 한 사람이 힘이 약하게 되면 복종하지 않을 수 없다. 그러니까 또 사람이 상대방을 존중히 여길 수 있는 사상을 가지게 되면 그 사상을 가진 사람이 상대방을 존중히 여기게 된다. 그런 사상이 없는 사람은 상대방을 힘내기로 하자고 하면서 마구잡이로 대한다.

간략히 얘기하면 얼마나 발전된 사람인가에 따라서 사람과의 관계가 달라진다. 사람을 사랑할 수 있다. 그것은 그 사람의 인격이 얼마나 높은 수준에 있는가에 따라서 사람의 수준이 달라진다. 사람이 얼마나 인격 수준이 높은가에 따라서 그 사람이 상대방에 대하는 사랑의 관계가 달라진다. 저열한 수준에 있는 사람은 저열한 방법으로 사람과의 관계를 맺고, 인격이 고상한 사람은 고상한 수준으로 사람관계를 맺고 따라서 사람이 사람과의 관계는 사람의 발전의 수준에 의해서 결정된다.

회고하건데 친한 동무를 생각해보면 그 사람이 상당히 수준이 높고 수양이 된 사람은 아주 예의범절을 잘 지키고 정당한 원칙에서 사람을 대하고, 그러나 수양이 모자라는 사람은 조금 가깝게 대하면 우쭐대고 조금 딱딱하게 대하면 원망하고 다루기가 힘들다. 이해성이 없고 그렇기 때문에 사람의 발전수준이 사람의 관계를 결정한다. 이 말은 결국 민주주의적 관계를 가지자면 사람이 민주주의를 지킬 수 있을 정도로 사람이 발전하여야 한다는 말이된다.

그러므로 민주주의를 실시할 수 있는 조건은 결국 사람의 발전수준을 규정하는 조건이다. 그럼 사람의 수준을 규정하는 것은 어떠한 측면인가? **사람의 수준**이라는 것이 결국 생명력의 수준이다. 생활력의 수준이다. 그러면 사람의 생명력은 어떠한 것인가? ①정신적 생명력, ②물질적 생명력, ③사회협조적 생명력의 3가지다.

이것은 기초적인 것으로 인간의 생명력에는 이렇게 3가지 측면이 있다. 하나는 정신적 생명력이다. 사람에게서 정신을 빼앗게 되면 사람이 아니다. 둘째는 물질적 생명력이다. 물질의 힘이 없이는 사람이 아무것도 할 수 없다. 셋째는 협조할 수 있는 생명력이다. 협조할 수 있는 생명력은 사람이 개인적으로만 존재하는 것이 아니라 집단적인 존재이기 때문에 협조없이는 살 수 없다. 고립적으로 사람이 살 수 없다. 고립적으로는 사람이 살 수도 없지만, 태어날 수도 없다.

VII. 『동경대전(東經大全)』의 3전론(三戰論)

그러기 때문에 이 세가지 생명력이 **사람의 생명력**이다. 이는 인간의 3대 개조사업과 연관되어 있다. 물질적 생명력인 물질적 힘은 자연에서 가져올 수밖에 없다. 육체적 힘을 타고나지만 그것은 얼마 안 된다. 5천년전이나 지금이나 차이가 없다. 지금 우리가 쓰고 있는 비행기를 만들고 로켓을 만들고 잠수함을 만든다고 하는 이것들은 자연에서 가져온 힘을 가지고 이용하는 것이다. 타고난 힘이 아니다. 그렇기 때문에 물질적 생명력은 **자연개조사업**을 통해서 얻어지는 것이다.

인간개조사업에서 중요한 것은 사람은 나서 키우는 것도 필요하지만 거기서 정신을 가지게 하는 것이다. 교육, 과학, 연구사업, 문학, 예술 등 이것 다 정신을 발전시키기 위한 사업이다. 협조는 어떻게 하는가? 이것을 관리하는 직업이 **정치**다. **정치**가 사람들이 협조하게하도록 관리하고 개선해 나아가게 하는 것이다.

그러기 때문에 민주주의가 성립되기 위해서는 이 3가지가 필수적 조건이다. 정신적으로 준비하는 조건이 필요하고, 물질적 조건을 마련하는 것이 필요하고, 사회적 협조조건을 마련하는 것이 필요하다.

이렇게 볼때 "민주주의 발전의 필수적 조건"인 3대 생명력이자 생활력은 동학·천도교의 3세 교주이며 3·1독립운동의 대표자였던 의암(義菴) 손병희(孫秉熙)의 『東經大全』에 나오는 3전론(三戰論: 도전(道戰, 정신), 언전(言戰, 정치), 재전(財戰, 물질))에 비유된다고 하겠다.

제8장
개인민주주의의 개선을 위해: 집단을 위한 자기갱신으로

Ⅰ. 3대 개조사업

인민의 운명을 개척해 나가기 위해서는 3대 개조사업을 하여야 한다.

자연을 개조해서 경제를 발전시켜야 한다. 인간이 자연을 떠나서는 살 수 없다. 우리가 다른 데서 얻어올 것(힘)은 자연밖에 없기 때문이다. 첫째로도 둘째로도 발전의 원천은 자연이다.

그런데 이것만으로는 사람이 살 수 없다. 이를 밑천으로 해서 사람을 역시 개조해야 한다. 사람의 육체와 정신을 개조해야 한다.

이것이 단순해보여도 이렇게 구분하는 데는 오랫동안 생각해서 고안된 것이다. 자연개조를 위해서 자기가 자기 살을 뜯어 먹을 수는 없지 않은가? 문어는 제 다리를 뜯어 먹는다고 하는데 제 다리만 먹고서야 다리가 다 없어지지. 다리가 좀 여유가 있어 뜯어 먹는지는 모르지만.

결국은 외부에서 얻을 수밖에 없는데, 우리 인간은 자연에서밖에 얻을 수 없다. 그런데 자연의 힘만으로는 인간의 정신을 키울 수는 없다. 인간에서 제일 중요한 것이 정신인데. 그러므로 인간의 육체와 정신을 자연에서 가져온 것을 밑천으로 해서 인간을 개조하지 않으면 안 된다.

그런데 인간이란 개인적인 동시에 집단적인 존재이다. 우리가 각각의 개인이 전부인 줄 알지만 개인만으로는 세상에 태어날 수도 없다. 부모가 없이 어떻게 태어나는가? 부모가 키워주지 않으면 어떻게 살 수가 있는가?

그러기에 우리 생명의 일차적인 모체는 부모이다. 다 커진 뒤는 부모를 생각 안하지만, 그러면 왜 부모는 아이를 위해 희생하는가? 이는 인간의 본성이다. 무슨 본성인가? 인간이 개인의 생명이외에 집단의 생명을 가지고 있기 때문에 그런 본성이 나온다.

부모가 인간을 사랑하는 것은 인간의 본성이다. 집단적인 존재이기 때문에 그러하다. 집단적 존재에서는 집단이기 때문에 사람과의 결합을 떠나서는 집단을 생각할 수가 없다.

그러므로 개인의 육체와 정신을 개조해나가는 창조적 활동과 함께 **인간관계를 개조하는 사업**이 필요하다. 사실 간단히 얘기하면 인간과 세계를 두고 주체와 객체로 둘로 나누어지는 그 이외는 없는데, 인간 자체가 둘로 나누어져 있다. 그러하기 때문에 **3대 개조사업**이다. ① 인간이 자연을 개조하는 것이 **하나이고**,

② 개별적인 사람들이 육체와 정신을 개조하는 것이 **두 번째**이고,

③ 인간과의 관계를 개조해나가는 것이 **3번째 사업**이다. 둘째와 셋째를 합하게 되면 개인적 존재와 집단적 존재를 다 개조하는 것이 된다.

이는 자기를 개조하는 사업보다 더 중요하다. 별도로 생각하면 모호하지만 합쳐서 생각하게 되면 인간개조사업과 사회관계개조사업을 합하게 되면 결정적으로 자연개조사업보다 중요해진다.

이것을 분명히 알아야 한다. 구체적으로 이야기하면 인간개조사업에서 **교육사업, 정신교육**이 매우 중요하다. 이렇게 떼어놓고 보면 인간개조사업이 더 중요하다.

Ⅱ. 생물학적 생명력을 객관화하고 사회화하여야

①자연개조사업, ②인간개조사업, ③사회관계 개조사업은 무얼 말하는가? 인간이 가지고 있는 생명력을 객관화하고 사회화하는 과정이다. 이 점을 주의해서 보아야 한다. **객관화**는 사회화를 하기 위한 과정이다. 객관화하지 않고는 사회적인 것으로 될 수 없기 때문이다.

그 전에 동물단계에서도 협조를 했다. 교육하는 것에서부터 본능적으로 협조하는 것이 원숭이보다 앞섰다. 어릴 때 젖먹이면서 키우면서 가르쳐준다. 그런데 이것을 객관화하지 못했다. 객관화해서 사회적인 것으로 만들지 못했기 때문에 **사회적인 재산으로서 대를 이어 물려주지 못했다.**

자기의 생명력을 자연에 있는 것을 가져다가 사회적 존재의 한 구성부분

으로 만드는 것이 **자연개조사업**이다. 자연을 개조해서 기계를 만들었다. 기계는 벌써 인간적인 것이다. 인간존재의 한 구성부분이다. 공장에서 누가 제품을 만드는가? 기계가 인간을 대신해서 만들고 있다. 그러므로 기계가 인간의 한 부분이다. 사회적 존재로서의 한 구성부분이다. 옛날의 육체적 노동을 대신하고 있다. 아마도 오늘날은 99% 까지는 기계가 만들고 있다. 사람은 지휘나 하고 버튼이나 누른다.

그러므로 자연을 개조해서 인간의 사회적 존재로서 육체를 준비하는 것과 같다. 정신이 발전했지만 정신적으로 쟁취한 것을 자기가 살아 있는 동안 이를 객관화하고 책을 쓰지 않으면 누가 알아주는가? 객관화해서 사회적 재산으로 만들기 때문에 **사회적 정신**이 된다. 계속 대를 이어 이용할 수 있다.

객관화하는데 있어서 자연을 개조해서 기계를 수단으로 해서 재산을 만들고, 인간의 정신을 개조해서 이런 문화적 재부를 만들어 객관화하여 사회적인 인간의 생명력으로 만드는 것이다.

'동물의 세계'에서 원숭이뿐만 아니라 개 종류가 단결을 잘 한다. 제일 협조를 잘 하는 것이 개다. 킬리만자로가 있는 탄자니아의 자연의 공원은 아니지만, 스웨덴에서도 자연공원이 있어서 쇠사슬로 엮은 특수 찦차를 타고야 들어간다. 호랑이, 사자, 타조 등이 있는데 곰은 정말 황소만 하다. 곰한테는 사자도 못 견딘다. 곰은 한번 물면 놓아주지 않는다. 곰에는 이빨이 들어가지 않는다. 우리 곰의 몇 배이다. 그런데 승냥이한테 둘러싸인다. 곰은 이들을 무시한다. 승냥이 떼는 이빨이 들어가지 않으니 물지도 못하고, 벌이 쏘아도 아무 소용이 없으니 벌집채로 꿀을 그대로 먹는다. 그러나 조금 나가면 승냥이는 곰을 둘러싼다. 여기서 우리는 지휘하는 것도 별로 없는데 협조를 잘 하는 것을 알 수 있다. 협조가 만만치 않은 것이다.

제일 우둔한 것은 누우다. 체통도 크고 마리 수는 몇 백 마리가 되는데 단결할 줄 모르니 조그만 포식동물한테도 잡아 먹힌다. 그래도 물소는 좀 낫다. 물소는 만만치 않다. 사자하고도 싸울 수 있다.

그래서 **협조**하는 것이 동물한테는 중요한데, 인간은 이를 객관화했다. **사회관계**라는 것으로 객관화해 놓았다. **관계**란 물질이 아니기 때문에 객관화하는 것이 힘들지만 재판소, 정부, 법률을 만드는 등으로 객관화했다. 이것이 인간을 사회적 존재로 만들고, 인간의 생물학적 생명력을 사회적 생명력으로 전환시킨다.

III. 집단을 위한 (자기)갱신: 연속성(집단주의)과 불연속성(개인주의)의 통일로

이런 의미에서 볼 때 3대 개조사업은 인간의 생명을 질적으로 달리 만든다. 이 3대 개조사업하고 연속성과 불연속성에 관한 문제는 다른 것이다. 이는 **자기 갱신의 내부관계**이다. 3대 개조사업은 새것을 창조하려는 사업이다. 새것을 창조해서 객관화하고 사회화하는 과정이다. **사회적인 생명력**으로 만든 것이다.

그런데 연속성과 불연속성에 관한 것은 그것이 아니다. 내부의 새로 무엇을 창조하는 것이 아니라 자기를 갱신하는 과정이다. 여기에 두 가지가 있다.

① **하나는, 개인적 존재(생명)와 집단적 존재(생명)의 균형적인 발전**을 **어떻게 보장하는가** 하는 것이다. 어느 것도 서로를 떠나서는 존재할 수 없다. 어느 부분에 치중하는가에 따라 사회적 형태가 달라질 수 있다. 사람은 개인적으로 각각의 생명력을 가지고 있기 때문에 이것을 귀중히 여긴다. 또 귀중히 여겨야 한다. 개인은 개인적 존재이자 집단적 존재이기 때문에 개인적인 생명력을 가지고 있을 뿐만 아니라 집단적인 생명력을 가지고 있다.[9)]

---

9) 사물이 결합도 되고 분열할 수 있어야 운동도 할 수 있고 발전도 할 수 있게 된다. 절대적으로 결합되어 버리면 움직이지 못한다. 운동 자체가 무의미하게 된다. 또 완전히 분리만 되어 있으면 결합이 안 되니까 발전이 없다. 거기에다 자기보존의 성질이 작용하니까 개별적 존재는 자기만이 보존하자고 하고 그래서 배척(斥力)을 한다. 모든 사물은 분열된 것만큼 차이성을 가진다. 세상에 그래서 꼭 같은 것은 하나도 없다. 차이성은 다양성이다. 다양성이야말로 발전의 밑천이 된다. 모든 사물은 개체로서 연속적이면서 불연속적이다. 분리되어 존재하면서 결합되어 존재한다. 모든 것이 다 그러하다. 인간에 있어서 개별적으로 떨어져 있

그런데 개인주의적인 사회에서는 개인이 생명을 가지고 있다는 것은 너무도 잘 아는데, 집단이 생명을 가지고 있다는 것을 너무도 모른다. 아무리 똑똑한 사람도 인식시키기 아주 힘들다. 「인간중심철학의 몇가지 문제」에서[10] 백년 이내는 이런 책이 나올 수 없다고 감탄해서 얘기하면서도 집단의 생명력에 대해서는 도무지 이해를 못한다. 개인주의사회에서 살다보니 개인만 생명을 가지고 있지, 집단이 생명을 가지고 있다는 것을 모른다.

부모가 우리를 낳아주었는데 이는 집단이 기초가 된 것이 아닌가? 부모는 개인이 아니다. 결합체로서 자기자식들을 무조건 사랑한다. 부모에 대한 효성은 지금도 필요하다. 부모는 누구의 덕택으로 태어났는가? 집단이다. 개인들이 아무리 죽어도 집단은 죽지 않는다. 왜 죽지 않는가? 집단으로 있을 때만이 생명을 재생산할 수 있는 능력을 가지고 있기 때문이다.

집단의 기초는 부부이고 가족이고, 그러나 부부와 가족만으로만 살 수가

는 존재와 집단과의 관계가 아주 뚜렷하다. 개인적인 동시에 결합되어 있다. 자본주의사회에서는 개별적으로 떨어져 있는 존재에다 생명력이 있다는 것을 아니까 별로 설명을 안 해도 된다. 자기가 생명이 있다는 것을 설명 안 해도 된다. 그러므로 자기의 생명을 귀중히 여기는 생각을 갖게 된다. 그런데 집단의 생명도 자기생명의 한 부분이라고 하는데 대해서는 개인주의 사회에서는 아주 힘들어한다. 집단이 생명을 가지고 있다는 것을 이해하기 힘들다. 부모와 자식 간을 보자. 부모의 결합이 없이는 생명이 태어나지 못한다. 아이를 키운다는 것이 보통 힘드는 것이 아니다. 이것은 인간의 본성이다. 인간이 동물세계에서 나올 때부터 한 사람이 아니다. 집단이 우리의 공동의 생명이라고 하는 의식으로부터 출발해서 집단을 사랑하는 정신, 이것이 **사회적 의식**이다. 말하자면 **집단주의 정신이고 본성**이다. 집단주의 본성은 약하고 개인의 생명을 보존하려는 본성이 강한 것이 현실이다. 이것이 자본주의사회의 가장 큰 결점이다. 그래도 퇴보는 아니다. 먼저 개인의 생명부터 보존하고 그 다음에 집단의 생명을 보존하게 되는 생각을 가지게 되는 것은 자연스런 일이다. 그래서 개인주의 민주주의가 먼저 발전한 것은 옳았다. 그러나 결함이 나타나고 있기 때문에 이를 고치자면 **집단의 생명의 중요성**을 생각하고 통일해서 단결하고 협조하는 것을 첨부해나가지 않으면 안 된다. 철학은 힘들다. 개별과학은 어디까지가 비교적 명백하다. **철학**은 인간의 구체적인 생활과 떨어진 가장 일반적인 것을 취급하기 때문에 힘들다. 더 생각하고 자꾸 생각해보면서 알게 된다. 모르면 질문도 못한다. 어렴풋이 좀 알기 때문에 질문할 수가 있다. 그러나 똑똑히는 알지 못한다. 질문하게 된다는 것은 무엇인가 이상한 것을 느꼈다는 것을 의미한다.

10) 황장엽, 「인간중심철학의 몇 가지 문제」(서울: 시대정신, 2003), pp.334.

없다. 호랑이가 승냥이한테도 이길 수 없다. 더 큰 집단으로 돼서, 더 나아가서는 정권에 의한 지휘를 할 수 있을 때까지 가서야 **자기운명의 주인**이 될 수가 있다.

IV. 국가란: 집단으로 정치적 사회적 생명체

그러므로 **애국심**이라고 하는 것이 그 무엇보다 중요하다. 이념이 무엇인지 어디서 나왔는지도 잘 모르면서 이념논쟁을 말하고 있는데, 그래서 '이념'이란 말 쓰지 말고 '애국심'이란 말을 쓰라고 한다. '개인주의'라 하면 좀 알고 '집단주의'다 하면 소련의 것으로 알고 있다. 또 자신도 집단의 한 성원이면서 집단주의는 다 독재로 생각한다.

발전민주주의의 **이념당은, 개인주의와 집단주의의 장점을 결합시키고** 결국은 **민주주의와 애국주의를 결합시킨 것이다. 국가**라는 집단은 사회적 집단으로 집단적인 생명체다. 아직 '국가'가 자각할 정도로 발전은 잘 못됐지만, 사실은 정권의 지휘권으로, 지휘체계를 가진 사회적 집단이자 생명체다. '**국가**란 정치적 사회적 생명체'다.

국가를 수령, 독재로 왜곡시킨 것이 잘못이다. **주체사상**의 처음의 철학적 정의는 혁명과업건설의 **주체는** 인민대중이며, 혁명과업을 수행하는 힘도 인민대중에 있다. 자기운명의 주인으로 자기자신의 운명을 개척할 수 있는 힘도 자기자신에 있다. 이것이 나중에 '인민대중'의 말을 '노동계급'으로 고치고 나중에는 '수령'으로 고쳤다. 이러한 개념을 중앙당 학교, 당조직부에서 만드는 것이다. 여하간 절대로 과오를 범하지 않게 된다. 주겠다는 말인지 달라는 소리인지 빙빙 돌리면서 말하니까, 그래서 얼마나 조리있게 잘 하는지 모른다.

V. 애국심이: 집단생활의 기준이 되어야

개인적 존재(불연속성)와 집단적 존재(연속성) 이것은 새것을 창조하는 것이 아니고 낡은 것과 새것을 교체해나가는 과정이다. **여기서 중요한 것이**

두가지다.

개인적 존재(개인주의)와 집단적 존재(집단주의)를 균형적으로 발전시키는 것이다. 어느 것이 더 중요하다고 하는 것이 곤란하기 때문이다. 먼저 발전시켜야 할 것은 개인이다. 다음에 집단의 순서이다. 그러나 중요성으로 볼 때는 다 같이 중요하게 생각한다.

도덕에서도 개인에게 충실한 것이 **첫째**이고, **둘째** 도덕은 집단에게 충실한 것이다. 개인이 자기 개인에 충실한 것이 우리가 도덕적으로 볼 때 가장 중요한 것이다. 이기주의가 아니다. 인간이 이 세상에 태어나기가 얼마나 힘든가? 인간으로 태어난 것을 두고 인간이 자기운명의 주인으로서 제 구실을 하려면 인간을 자꾸 발전시켜야 한다. 자기를 망치면 조직도 망치고 부모도 망치고 조직체도 잘못되게 한다. 독재가들은 술이나 마시고 남을 지배하면서 사는 것으로 이는 사람이 아니라 짐승보다 못한 것이다.

그래서 자신에 충실하려는 것은 첫째의 도덕을 지키는 것이다. 인간으로서 높은 수준으로 발전하게끔 살아나가는 것이 자기자신에 대한 도덕이다. 그 다음에는 (국가)집단이 영생하도록 영원히 발전하도록 노력하는 것이다. 집단의 일원으로서 실제로 지켜야 할 것은 애국심이 있는가 없는가 하는 것이다. 애국심이 있으면, 애국심을 가지고 사업을 행동으로 했는지의 여부를 따져야 한다.

VI. 한(漢)의 3 영웅(傑): 유방의 포용력과 집단주의적 전략

유방(劉邦)이 정권을 잡고서 3사람을 칭찬했다고 한다(사마천의 말). 장량(張良), 소하(蕭何), 한신(韓信)이다.

"장량은 천막 속에서 여러 가지로 계산을 해서 천리 밖에서 이기고 지고 하는 것을 결정하는 것은 내가 장량이보다 못하다."(運籌帳幄之中 決勝千里之外 吾不如子房)

"소하는 국가를 잘 다스리고 백성들을 어루만지고 식량을 떨어지지 않게 하고 군량을 부족하지 않게 하는 것은 소하만 못하다."(鎭國家撫百姓 給餉

不絶糧道 吾不如蕭何)

"한신은 백만의 무리를 이끌고서 싸워서 반드시 이기고 성을 빼앗는 것을 두고는 한신만 못하다."(連百萬之衆 戰必攻必取 吾不如韓信)

또 한 사람은 진평(陳平)인데 사실은 장량보다 지혜가 더 많았다. 항우가 힘만 셌지 머리가 없으니(생각을 못하니) 아무래도 안 되겠다 하여 빠져나와 도망을 쳐 나왔다. 황하에 나와 배를 타고 보니 해적떼들이었다. 강복판에 가서 사람을 죽이고서 물건을 빼앗는 것을 알고 눈치채자 돈전대를 강에다 넣어버리고 배 젓는 것이 힘드는 데 도웁고자 하니까 도둑때들이 알몸이 된 것을 죽일 필요가 없게 되자 살아남게 되었다.

유방부대에 들어가서 수소문하여 하운몽이라는 간부를 만났다. 항우 밑에서 범증과 함께 진평이 제일 머리 좋은 사람인 것을 알고, 모략이 대단한 것으로 추천되어 소장(장군)으로 배치되었다. 그러므로 번쾌 등 재직 간부들이 아주 성이 나서 뒤를 캐어보니 젊었을 때 형수를 강간하고, 이번에는 뇌물을 받았다는 결함이 발견되었다. 도덕을 지키지 않고 나쁜 놈으로 비판을 받자, 유방이 화가 나서 추천한 사람을 불러서 불만이 많다고 따지니까, 항우와 싸우는데 백이숙제가[11] 필요합니까 모략가, 전략가가 필요합니까 하고 되물었다. 한편 진평한테 가서 말하자 사실이라고 시인했다. 젊었을 때 나쁜 일을 했고, 이번에는 모든 것을 빼앗겼기 때문에 뇌물도 받았다. 받아주지 않으면 다 버리고 농촌에나 가겠다. 지금은 과거의 잘못을 뉘우치고 있고, 이런 사실을 유방에게 고하니 그렇다면 소장이 아니라 중장에 배치하자고했다.

VII. 공산주의(사회주의)와 맑스주의

공산주의자들은 노동계급(무산계급)을 해방해야 된다, 해방하기 위해서는

---

11) 백이숙제란 주나라 때 무왕이 주왕을 칠 때 "악을 악으로써 쳐서 되겠는가" 하고 반대한 사람이다. 왕이 말을 안 들으니 수양산에 들어가서 고사리를 뜯어 먹고 죽었다. 강태공이 만류해서 죽이지는 않았는데 그 나라의 조를 먹지 않겠다고 하여 산에 들어가서 고사리를 뜯어 먹다가 죽었다.

독재를 실시해야 한다, 독재를 통해서 해방해야 된다고 했다. 생산수단(재산)은 가지고서 내놓지 않고 사람들을 착취하고 권세를 부리는데 생산수단까지도 사회적으로 만들어야 되겠다고 주장한 것이 사회주의자이다. 그리고 정치적으로는 선거를 통해서 하기 때문에 독재(특권)가 없어졌다. 그런데 **이것이 처음의 공산주의이다.**

맑스가 이것을 반대하고 폭력혁명을 주장했다. 자기 특권을 누가 버리자고 하겠는가? 그것을 때려 부수고 빼앗아야 한다. 이것이 맑스주의 공산주의다. 얼른 보면 그럴 듯 해 보이는데 그렇다면 자신은 어떠한가? 노동계급은 권력을 잡다 보니 특권으로 되었는데 그 특권을 내어 놓겠는가? 내어 놓는 것이 아니라 세습까지 하고 있지 않은가? 이렇게 단순한 것을 과오를 범했다.

특별한 존재가 없는 것을 알게 된다. 결백한 존재는 머저리란 말이 되지 않는가? 만약 그것을 위해 산다면 머저리다. 사회발전을 위해 우리가 어떻게 살아야 하는가? 전체 집단의 영생을 위하여 어떻게 살아야 하겠는가? 자기가 어떻게 보람차게 살아야 하겠는가? 이것을 생각해야지, 청렴결백이 다 무엇인가? **큰 선(善)에서 선악을 구별할 줄 알아야 한다는 말이다.**

그러므로 개인적 존재와 집단적 존재에서 개인에게 충실한 것과 집단에 충실한 것이 도덕에서 기본이다. 개인을 중시하겠는가 집단을 중시하겠는가 하는 것의 균형을 잘 맞추어야 한다. 그래서 개인적 존재와 집단적 존재의 장점을 결합시켜 나가는 것이 중요하다. 우리 지금 민주주의를 개선하는 데서 이 방법이 하나 있다.

Ⅷ. 집단을 위한 (자기)갱신으로: 계승성(보수주의)과 혁신성(진보주의)의 결합

② **다음 한 가지 문제는** 우리 인간이 동물보다 우월한 점이 어디에 있는가 하는 것이다. 동물은 발전에서의 **계승성**이 아주 약하다. 자기가 생활과정에서 얻은 생활력을 다 전달하지 못한다. 유전의 방법으로 조금 전할 뿐

이다. 그러나 인간은 그렇지 않다. 인간은 자신이 창조한 것을 고스란히 다음 세대에 넘겨준다.

그런데 계승성이라고 하는 것이, 사람이 몇 백만년 사는 것이 아니고 세대의 교체를 통해서 교체할 때마다 새로운 것, **혁신성**이 첨부되지 않으면 안 된다. 신진대사가 필요하다. 신진대사를 하는 과정이 필요하다. 이것이 결국은 **계승성과 혁신성을 결합시켜 나가는 것이다**. 내부관계이다. 개인적 존재와 집단적 존재의 귀중성의 균형을 맞추어 나가는 것이다. 어느 한 편으로 치중하지 말라. 계승성과 혁신성을 배합해 나가라는 것이다.

이점을 우리가 **연속성과 불연속성의 변증법**에서 중요시해야 한다. 여기까지 우리가 복습을 하고서 **주체와 객체의 통일의 변증법**을 고찰하여야 한다.

제9장
권력구조(정부형태)의 교육 : 3권분립론의 발전으로

1. 목표란?: 내가 무엇을 하고 싶다는 이해관계이다

정부형태(권력구조)는 3권분립론으로 설명할 수 있다. 흔히 대통령중심제, 내각제, 이원집중부제 등으로 말하고 있으나 여기서는 3권분립제도를 중심으로 민주주의 발전과 관련하여 설명해보고자 한다.

3권분립주의의 본질은 어디에 있는가? 그것은 ①행동의 목적을 세우는 사업을 첫째로 하고, ②그 다음에 사업 목적을 실현하는 집행과정, ③그 다음에는 그 결과를 검열해서 성과의 여부를 판단하는 것이 3과정이다.

개인의 경우에는 이것을 개인이 하고 싶은 대로 목적을 내세우고 자기가 집행하고 잘 됐는가 안 되었는가를 생각하면 그만인데, 그리고 그런 경우에도 내가 잘못 했구나 또는 이번에 내가 잘 했구나 하는 것은 쉽게 평가하는데, 집단의 경우에는 그렇지 않다.

우선 목표를 세우려고 해도 사람들마다 이해관계가 조금씩 다 다르기 때문에 모여서 어떻게 할 것인가 하는 것을 토론을 하지 않으면 안 된다. 토론을 해서 목표를 세워 그 방향으로 나가자고 하면 이것은 무엇을 말하는가? 이는 이해관계를 반영했다는 말이다. **목표란 내가 무엇을 하고 싶다는 이해관계이다.**

그러면 이해관계가 다를 때 어떻게 집행이 되는가? 이해관계를 알고 옳게 목적을 세운다고 해서 다 따르는 것은 아니다. 자본가, 기업가들은 이윤을 내자는 목표를 세우고, 그런데 이들이 기업관리를 위한 능력은 있는가? 전쟁을 한다면 누구나 다 이기고 싶지만 그렇다고 해서 이기고 싶다는 이해관계를 이기도록 전략전술을 세우고 용병술을 잘 써서 실제로 승리할 수 있는가 하는 것이다. 이해관계를 따른다고 해서 다 되는 것이 아니다. 그러므로 목적을 세우는 것도 모여앉아서 토론을 하지 않으면 안 되지만, 그렇다고 목적을 세운 다음에 목적을 집행하는 능력이 반드시 목적을 세우는 능력과도 같지 않다.

예를들어 봉건사회의 왕은 군사전문가였다. 왕조의 창시자들은 군사전문가였다. 그러나 왕의 아들은 그렇지 않다. 그렇기 때문에 후대의 왕은 직접 나가서 전쟁을 지휘하는 것이 아니라 그 전략전술을 잘 세우고 용병술에 능한 군사전문가를 뽑아서 대장으로 내세워 전장에 보내는 수밖에 없다.

목적을 세우는 사업하고, 목적을 달성하기 위한 사업하고가 반드시 일치되는 것이 아니다. 처음에는 왕이 친정을 했다. 그러나 친히 나가서 직접 지휘하는 것은 그 다음 사람은 되지 않는 것이다.

우리가 개별적으로 할 때는 우리가 하자고 해서 우열을 결정하여 하였는데, 집단의 경우는 그렇지 않다. 집단은 목적을 세울 때도 당신의 의견은 어떤가, 그리고 어떻게 실천하겠는가를 논의해야하고 또 실현하는 전문가가 있어야 한다. 능력있는 사람을 선발하여야 한다.

2. 3권분립: 입법기관, 집행기관, 검열기관

그러니까 **국회**는 무엇을 하는 곳인가? 목표를 세우는 것이다. 국민의 이익에 맞게 된다는 목표를 세운다. 그러나 목표를 세운다고 해서 국회가 다 할 수 있는가? 이것은 역시 행정전문가들이 국가를 어떻게 관리할 것인가 하는 경험과 전문지식을 가진 사람들이 모여서 집행하지 않으면 안 된다. 이것이 **행정기관**이다. 이것이 **정권**이다. 그러므로 입법기관이 있고 이를 집행해나가는 행정기관이 따로 있어야 한다. 주인이 똑똑하지 못할 때는 대리인을 내세우는 것이 낫다.

그렇기 때문에 국회가 있어서 목표를 세워주고 그 테두리 안에서 일을 한다. 그러나 이것은 그저 기계적으로 일해서 되는 것이 아니다. 이것 역시 창조적 사업이다. 그렇기 때문에 집행하는 데서는 행정기관이 역시 독자성을 발휘한다. 그 테두리 안에서 각자 재능과 독자성을 발휘해야 된다. 그러므로 두 과정이 연결되어 있지만 상대적인 독자성을 가진다.

그 다음에 목표를 세우는 것하고 집행하는 것하고 사이에서 완전히 일치가 되지 않은 경우도 있다. 집행하는 사람과는 달리 목표를 세운 사람은 실정을 모르고 목표를 세울수 있다. 실제로 이를 집행하라면 이런 조건을 고려해야 된다. 이렇게 하는데 그런데 내가 하라는대로 왜 안 했는가? 그렇게 해서는 안 된다. 의견대립이 있게 된다. 그러므로 여기서 객관적이고 공정한 입장에서 어느 편이 옳은가? 준법성을 즉 법적 테두리에서 했는가 안 했는가, 또는 결과를 보니까 입법자체가 잘못 됐다, 이렇게 공정하게 평가해주는 기관이 있어야 한다. 이것이 **사법기관**이다.

3. 사법기관의 한계: 검찰도 사법부에 속해야

그런데 지금은 어떤 단계인가 하니까 사법관계라고 하는 것이 법을 지켰는가 안 지켰는가 하는 것밖에는 보지 못한다. 법이 잘못될 수도 있다. 실제 집행하는 과정에서 법에 이런 부족한 점이 있다. 그러므로 정부가 이렇게 했는데 옳은 것이 있으면 법을 개정하라고까지 나와야 되겠는데, 이것은 못하고 단지 법을 지켰는가 안 지켰는가만 본다. 요즈음도 법관이 검찰에서 제기한 것을 기각시킨다. 마치도 사람들은 법관이 법을 잘 지키는 것으로 생각한다. 천만에 말씀이다. 판사란 책이나 읽고 법률조항을 적용하는 것이지만 검사란 실지 다니면서 자꾸 어디가 잘못되었는가를 추적해오는 과정에서 현실을 더 잘 알고 있다. 하기야 정치검찰이 되면 곤란하기는 하다.

일반적으로는 법관이 자기가 법을 더 잘 지킨 것처럼 해서 기각하면 안 된다. 사법부에서 그런 경우에는 신중히 토론을 해야 한다. 그렇기 때문에 검찰도 사법부에 속하고 해서 사법부가 독립을 해야 한다. 사법부가 독립해서 심사를 해서 해결이 안 되면 국회에 다시 제기하든가 그렇지 않으면 국가원수에게 제기해서 결론을 얻어야 한다. 이것은 중요한 문제이다.

4. 3권분립을: 모든 집단에 보편적 원리로

그래서 이 방침을 결정하는 지도기관과 집행기관과 검열기관이 상대적인 독자성을 가지고서 통일되어야 한다. 이것이 모든 집단의 활동에서 적용되는 보편적인 원리이다. 민주주의를 위해 우리는 3권분립의 원리를 꼭 알아야 한다. 민주주의의 핵심은 평화적인 정권교체이다.

아마 3권분립의 설명을 두고 이런 설명은 아무데도 없다. 이는 인간중심철학을 알아야만 이렇게 설명할 수 있다. 그저 3권분립의 제목만을 소개하는 정도이다. 왜 이것이 필요한가 하는 것을 설명한 것이 없다. 보통 3권분립의 중요성을 역설하면 중학생도 다 아는 것처럼 말한다. 자기가 무식해서 모른다는 것도 모른다. 3권분립이 대단히 중요하다.

레닌이 3권분립을 부정했다. 정권이 하나인데 무슨 권력을 분리하겠는가? 이렇게 하여 공산당이 독재를 실시했다. 3권분립은 독재를 견제하는 데서 대단히 큰 역할을 하였다.

그럼 오늘날의 **3권분립의 제한성**이 어디에 있는가? 독재를 견제하는 데서는 큰 역할을 하였지만, 역시 개인주의적 원리에 기초해서 나왔기 때문에 개인주의 장점과 집단주의의 장점을 배합하지 못한 것이다.

5. 인간생명의 특색: 개인주의와 집단주의의 다양한 욕망을 가지고

사람의 생명의 특색은 두가지이다. 살자는 욕망과 또 욕망에 맞게 자기 힘을 쓰는 것이다. 두가지 면에서 볼 때 개인주의는 욕망이 다양하다. 또 그것을 실현하는 창조력도 다양하다. 다양한 욕망을 자꾸 발전시키는 것이 개인주의의 장점이다. 다양한 욕망, 다양한 능력을 동원할 수 있다고 하는 것이다. 두가지가 있으면 상호관계가 있는 법이다. 욕망이 있고, 이를 이를 실현하는 능력이 있게 되면 욕망과 능력을 결합시키는데에 무엇이 우선인가? 개인주의에서는 자기 생명의 직접적인 자기의 주인이기 때문에 욕망과 능력을 결합시키는 것이 아주 빠르다. 먹고 살기 위해 장사를 하고 자기의 욕망과 직접 결합되어 있기 때문에 그런데서 적극성이 있다. 사회주의에서 살아본 사람은 더욱더 절실히 느낀다. 집단주의를 해놓으면 자기의 욕망과 직접 연관되지 않기 때문에 다 토론하여 이렇게 합시다 하여 지시를 하지 않으면 움직이지 않는다.

그러므로 텃밭에서는 아무도 감독하지 않아도 모든 것이 잘 자란다. 협동농장(콜호즈)은 독촉해도 일을 잘하지 않는다. 이것이 개인주의의 장점이다.

인간의 욕망이 발전하려면 각이한 요구가 결합되어야 한다. 각이한 요구를 발전시켜 통일을 해가야 한다. 또 각이한 창조력을 발현시켜야 한다. 창조력이 하나밖에 없다면 양적으로만 되어 질적으로 발전되지 못한다. 욕망도 마찬가지다. 욕망도 하나로만 되어 있으면 발전이 되지 못한다. 다른 욕망과 결합될 때 진정으로 욕망이 커진다.

남자는 남자대로 살고 여자는 여자대로 살면 욕망이 강한 것이 아니다. 부부간이 되어 아이도 낳고 가정을 꾸려나갈 때 욕망이 커진다.

민족이 단결되고 민족의 다양한 것이 결합되어야 한다. 결과적으로 **개인주의의 장점**은 다양한 욕망, 다양한 창조성(창조력)의 긴밀한 연계이다. 집단이란 통일없이 안되는 것으로 통일·결합없이는 집단이 되지 않는다. **집단주의의 장점**은 통일성과 협조성, 미래를 내다보는 미래지향성이다. 개인의 생명은 한 세대로 끝난다. 개인은 미래를 생각하지 않는다. 집단은 세대를 이어 영원히 나아가기 때문에 미래를 생각하게 된다. 연계를 하는데 개인의 경우는 직접 창조성이 발동되지만 미래를 내다보지 못한다. 그러나 집단은 미래를 내다보면서 오랫동안 협조를 할 수 있는 우월성을 가지고 있다. 하루 살다 죽는 사람은 하루만 계약을 하지만 백년을 내다보는 사람은 백년간의 계약을 맺는다. **집단주의의 장점인** 통일과 협조로 미래를 내다보면서 나가기 때문이다.

6. 3권분립의 개혁: 개인주의와 집단주의의 이해관계를 통일시켜야

지금의 3권분립에 견주어 보면 개인주의의 원리이기 때문에 개인주의의 장점을 발양시키는 데서는 큰 성과를 가져왔다. 그러나 집단주의의 장점을 소홀히 했다. 통일과 협조, 미래를 내다보는 것을 소홀히 했다. 이를 이해하기 위해서는 상당한 노력이 필요하다.

개인주의에 기초한 다양한 욕망을 자본주의 한국에서 우리는 절실히 느낄 수 있다. 소련같은 데서도 빵종류도 많지 않다. 베개통같은 빵으로 목침으로 이용하다가 자다가 뜯어먹는다. 그 후에 조금씩 색깔나는 것이 나오기는 했지만 한국과 비교하면 어림도 없다. 다양하지 못하다. 의복도 그렇다. 욕망이 다양하지 못하니 거기에 따라서 개인들의 창조력도 다양하지 못하다. 1952년에 헬싱키 올림픽에 가보고 소련과는 달리 생활이 다양한 것을 알게 되었다. 의식주는 물론 사람들의 능력도 다양하게 발전시키고 있다.

그런데 소련이 제일 미워하는 나라가 유고슬라비아이다. 유고에 소련이 축구에서 보기좋게 졌다. 항가리가 1등을 했다. 항가리와 핀란드는 훈족으로 말이 비슷하다. 우리 한국말과 같은 어순으로 되어 있다. 그러므로 소련 선수들이 왁자지껄하고 있는데 무엇인가 알아보니 자신들은 창의성을 발휘하게 되면 그것은 개인주의라며 못하게 한다는 것이다. 그러니 축구가 발전하지 못한다며 싸우고 있었다는 것이다. 일리있는 말이다. 유고는 개인들이 규율에 복종하지 않으며 새로운 것을 내놓데, 쏘련은 욕망에서 다양성을 허용하지 않을 뿐만 아니라 행동에서도 다양성을 자꾸 억제한다. 이것이 집단주의의 결함이다.

개인주의는 다양성을 고무 고취해주는데 집단주의는 다양성을 억제한다. 하나의 틀에 묶자는 것이다. 그러니까 여기서 개인주의의 장점과 집단주의의 장점을 결합시켜야 우리가 발전할 수 있다.

지금까지는 3권분립주의는 개인주의에 기초한 서로 견제하고 해서 독재를 못하게 하는 데서, 통일성과 협조성을 약화시키고 미래를 지향하여 계획을 세우는 것을 약화시켰다. 통일성을 강화하기 위해서는 무엇이 필요한가? 협조성도 통일성에서 나오는 것이고 미래도 통일성에서 나온다. **통일**

성을 강화해야 한다.

통일성을 강화하기 위해서는 어떻게 해야 되겠는가? 3권분립의 제한성을 극복하기 위해서 제일 중요한 것이 무엇인가? **사상적인 통일을 이룩하는 것이 중요하다. 사상이란 무엇인가? 이해관계를 반영한 사회적 의식이다. 이해관계를 통일시켜야 한다. 우리가 협동해서 단결하기 위해서는 이해관계를 통일시켜야 한다.** 같은 목표를 세워야 한다. 목표가 낮아서도 안 되고 너무 높아서도 안 되고 실정에 맞게 이해관계를 통일시켜야 한다.

그런데 지금 자본주의사회가 발전해서 초기자본주의와는 월등하게 몰라보게 발전했다. 경제학자들은 초기자본주의의 가장 결핍되어 없는 것은 물건이 부족한 것이고, 지금의 가장 큰 결함은 정신·사상이 빈곤하다는 것이다. 물건은 많아졌는데 사상이 빈곤하다는 것이다. 그러니까 **사상을 통일시켜야 발전할 수 있다. 단결할 수 있다.**

7. 미국의 민주주의: 물질적 힘에 비해 정신·사상이 뒤떨어지고

미국은 지금까지 민주주의 이념으로 위대한 나라를 건설했다. 미국의 힘은 대단하다. 미국의 힘을 제대로 작동시키게 되면 못하는 것이 없다. 그런데 사상을 발전시키지 못하고 있다. 상대적으로 보면 사상에서도 미국이 발전되어 있다. 그러나 미국의 물질적 힘에 비하게 되면 사상이 뒤떨어졌다. 이것을 유의할 필요가 있다. 굳이 미국인들에게 말하지 않는다. 미국사람들이 이해하겠는가? 다 잘 한다고 칭찬해야 좋아하기 때문이다. 사실은 그들이 개척자의 정신을 가져서 난관을 극복하면서 개척을 해왔다.

2차 대전때만 해도 미국사람들이 중국을 무서워하지 않았다. 일본은 2차 대전 당시 한때는 자기들이 득세한다고 여겼다. 특공대로 하여 급강하해서 영국의 최신의 전함과 순양함을 단번에 침몰시켰다. 그 때문에 영국에서는 그동안 무엇을 하고 앉아 있었는냐며 바짝 떨었다. 미드웨이 해전에서 일본은 미국에 비해서 몇 배의 무력으로 진주만을 공격하여 대부분의 미국함선을 격침시켰다. 남아있었던 것이 미드웨이에 있는 해군인데 항공모함이 3

척이 있었는데 일본은 대형항공모함이 주력으로 4척이고 다른 2척과 6척이 갔고 비행기도 370대가 가고, 미국은 130대의 비행기만 있었다. 그리고 그 때만 해도 일본의 전투기는 무적인데(독일기술로 만든 것으로) 이들이 공중에서 미국의 폭격기를 내쫓았다.

그러나 미국의 반격으로 단 한번에 4척이 격침당했다. 제공권과 제해권을 한 해전에서 완전히 잃어버리고 말았다. 그렇게 용감하게 싸웠다. 그런데 지금은 뭐 한 사람이 죽어도 뭐 큰일난 것처럼 떠들고 있다.

이제는 더 큰 목표를 세워서 미국인의 미국만이 아니라 전세계 인류의 미국이 되어야 한다. 그러한 각오로 나가야지 계속하여 빨리 발전할 수 있다.

8. 인간중심의 민주주의 이념으로: 수준 높은 통일적인 사상교육을

설득력있는 사람이 있으면 말해보라. 아는 것하고 설득력있는 능력은 다르다. 아는 것도 없어도 설득은 기가 막히게 잘 하는 사람이 있다. 외교관들이 이를 잘 하는데, 대신에 아는 것이 별로 없다. 외교 잘 하는 사람은 묘하게 얘기를 한다. 그래서 설득력이 있다. 사실은 북한문제를 보고 봐도 이라크보다는 비교가 안 될 정도로 중요하다. 미국을 위해서도 그렇게 중요한데 그것을 모른다.

배불리 충분히 먹은 다음에는, 같은 것 3끼 먹는 것이상 12끼 먹는다고 소용이 없다. 건강에도 좋지 않다. 그러므로 더 발전하려면 생명력을 더 강화해가야 하는데, 이를 위해서는 더 지식을 넓히고 정신적 생명력, 사회협조적 생명력을 강화해야 한다. 그렇게 한다면 목표를 주어야 한다. **목표를 준다는 것이 사상을 준다는 것이다. 사상이란 이해관계를 주는 것이다.** 인간이 행복한 생활을 하기 위해서는 이 방향으로 나가야 한다는 것을 향도하여야 한다. 그것을 안 주니까 마약이나 술을 찾고 있다.

그렇기 때문에 앞으로 **사람을 더 전진시키기 위해서는 통일적인 사상이 필요하다. 더 발전된 정치사상이 필요하다. 단결하는 데도 사상이 필요하**

다. 협조하는 데도 물론 사상이 필요하다. 여러모로 봐도 지금의 민주주의의 제한성을 극복하고 강화하는데 있어서 첫째로도, 둘째로도 **높은 수준의 민주주의 이념으로서 국민들을 교양하여야 한다.**

9. 사회민주주의의 한계: 경쟁력을 억제하고 더 전진하지 않는다

지금 이렇게 발전된 데도 그 초기의 자본주의의 지도사상밖에는 없다. 자유주의, 시장경제 이것밖에 더 없다. 그런데 이 자유민주주의 가지고서 크게 하는 것처럼 떠드는데 지도사상으로 될만한 것이 못된다. 시장경제와 자유민주주의를 모르는 사람이 어디 있는가? 봉건시대에 압박을 받는 경우에나 자유연대, 자유민주주의가 필요할지 모르지만, 우리의 경우는 자유가 넘쳐 실천이 되고 있다. 자유는 목표가 아니다. 이제는 우리가 어디로 나가야 하는지를 자꾸 향도해주어야 한다.

그것을 안해 주니까 발전된 나라들이 답보상태에 있다. 많이 벌어놓아 축적된 것을 분배하며 안전하게 먹고 살자는 것이 지금의 사회민주주의이다. 경쟁력을 억제하고 더 전진하지 않는다. 결론적으로 3권분립주의의 개선으로 개인주의 민주주의를 더 발전시키는 것이다. 그리하여 남북의 자유주의와 사회주의의 **민주주의 지도이념을 대립물의 통일로 승화시켜, 한 단계 높여서 권력구조에 관한 정부형태의 사상교육을 하는 것이다.**

제10장
정신·문화분야의 민주주의 발전: 교육의 개선문제

1. 교육: 사회적 인간으로 사람을 생산하는 공장

정신생활에서 중요한 문제는 첫째로 교육이다. 교육을 어떻게 개선할 것인가? 이 문제가 매우 중요하다. 교육은 사람을 생산하는 사업이라고도 말할 수 있다. 그런 의미에서 공장에서 물건을 생산하는 것이라면 교육은 사람을 생산하는 공장이다.

사람을 생산한다는 것은 무엇인가? 생물학적 존재로서 어머니가 아이를 낳아 이를 키우는 과정은 생산과정이다. 인간을 사회적 인간으로 개조해가는 과정이다. 사회적 인간을 만드는 것이다. 육체를 갖지만 정신을 가져야 한다. 정신이 사회적 특징이다. 정신을 가져야 사회적 인간이 된다. **정신이 사회적 특징이다.**

2. 정신의 3가지 교육: 자주성, 창조성, 협조성

그러면 정신의 중요한 측면은 무엇이겠는가? 정신적 힘은 늘 강조하는 것이지만 인간이 가지고 있는 생명력으로, 첫째로 정신적 생명력이 있고, 둘째는 육체적 생명력, 셋째는 사회협조적 생명력이 있다. 이 3가지 생명력이 다 정신과 관련되어 있다. 그래서 인간을 사회적 인간으로 키운다는 것은 정신적 생명력이 가장 중요하지만 사회협조적 생명력을 가지게 하는 것도 사회적 인간만이 가질 수 있는 특색이다. 또 물질적 힘도 새로운 것을 만들어내는 창조적 힘으로 사회적 인간만이 가질 수 있다. 그렇기 때문에 인간을 개조한다, 인간을 생산한다는 것은 ①정신적 생명력과 그리고 이와 결부된 ②창조적 물질적 힘, 즉 경제적 물질적 힘과, ③사회협조적 힘, 이 3가지를 키우는 것으로 된다.

학교에서는 이 3가지를 키워야 한다. 이 3가지는 다른 말로 표현하게 되면 육체적 힘은 육체를 성장하게 만드는 것인데 이는 다음 순서로 얘기하고, 먼저 정신적 측면을 먼저 얘기하게 되면 인간의 특성이 자주성이라는 것이다. **정신**이 사람의 욕망에 다다르게 하는 목표를 세우게 된다. 어떤 방향으로 행동할 것인가에 대한 **목표**를 세우는 것이 자주성을 세우는 것과 같다. 그 사람이 어떤 **생각**을 가지고 어떤 **행동**을 하는 것인가 하는 것은 그 사람이 어떤 목적을 가지고 **처신**하는 것으로 규정된다. 창조성이 약한 사람, 자주성이 약한 사람이 아니라 자주성이 뚜렷하고 목표를 세워 계속 끈기있게 밀고 나갈 수 있는 사람, 자신의 입장을 확고하게 지킬 수 있는 사람이 **자주성**이 강한 사람이다.

정신의 3가지 측면을 두고 먼저 자주성이 강해야 한다.

이는 사람의 욕망과 관련된 정신력이고, 사람은 또 욕망을 실현하기 위한 힘이 창조적 힘을 가져야 한다. 창조적 활동을 하기 위해서 객관세계를 개조하는가 하는 것이 **창조성**이다. 인간의 중요한 특성이 자주성과 창조성이다. 그 다음에 인간과 인간의 관계에서 **사회적 협조성**이 있다. 그러므로 교육에서는 크게 보면 자주성 교육, 창조성 교육, 사회적 협조성 교육 3가지를 말할 수 있다. 그 다음에 사람이 아직도 제대로 성숙하지 못한 조건에서 체육교육을 첨가할 수 있다. 그러나 우리한테 가장 중요한 것은 **자주성 교육, 창조성 교육, 사회협조적 교육**인데 자본주의 민주주의 사회의 교육은 주로 창조성 교육이다. 창조성 교육은 기업가들이 고용할 때 사람이 얼마나 자주성이 강한가는 문제시하지 않는다. 그 사람이 무엇을 창조할 수 있는 어떤 능력이 있는가? 어떤 지식을 가지고 있는가? 사실은 노동력의 가치를 두고 평가한다. 사람을 고용할 때 고용주가 사람의 자주적 성격보다는 우선은 능력을 먼저 평가한다.

그래서 학교에서도 중요한 것이 지식교육이 강조된다. 지식만 가지고서는 창조성이 잘 나오지 않지만 그러나 지식을 가져야 창조성이 나온다. 그렇기 때문에 기업가의 입장에서는 지식교육이 창조성 교육에 속한다고 말할 수 있다. 결심에 관한 문제가 아니라 능력에 관한 문제이다. 민족적으로 보게 되면 우리 민족은 세계에서도 뒤떨어지지 않는 과학적 두뇌가 있다.

3. 화담(서경덕)과 수운(최제우): 주자학에 자신의 동양철학을

그러면 자주성의 경우는 어떤가? 이는 부족하다. 무엇하나를 목표를 세워놓고서 계속 끌고 나가는 의지가 부족하다. 중국의 격언에 우공이산(愚公移山)이라는 말이 있다. 좀 미욱한 사람이 산을 옮기는데 계획을 세워 대를 이어 옮긴다는 말이다. 우리는 바로 이렇게 끝까지 해나가는 지구력이 부족하다. 그렇기 때문에 우리가 중국문화를 받아들이는 데서 독자적으로 앞서 나아가는 학자들이나 정치가가 많지 않아 보인다. 세종대왕 때 우리 문자, 즉 훈민정음을 만들었는데 이는 세계사적인 창조사업이다. 이는 어느 나라에서도 없던 것을 했다.

이런 면에서 서양에서는 지구력이 있다. 유명한 사람 가운데서 독신으로 산 사람이 많다. **자주성이 강한 사람 중에 독신이 많다.** 한국에는 그런 사람이 별로 보이지 않는다. 그렇게 지독하게 자주적으로 산 사람이 많다. 예를 들면 밀(John Stuart Mill)은 어릴 때 너무 재간이 많아서 다른 아이와 어울리면서 오만해진다고 하여 나가서 놀지를 못하게 했다. 아버지 밀(James Mill), 스미스(Adam Smith)와 더불어 걸출한 고전경제학자였다. 그런데 J.S.밀이 사랑하는 애인을 가졌는데 8년동안 계속 만나고 사랑하면서도 육체적 관계를 가지지 않았다. 그래서 결혼을 해서 그만 부인이 죽게 되었다. 그러니까 부인 곁에서 조그만 집을 짓고서 일생을 살았다. 이렇게 지독한 사람이 우리는 유교문화를 가져서인지 그렇게 개인의 자주성이 아주 강한 사람들이 많지가 않다.

철학자들의 경우 이런 사람들이 많다. 독일의 칸트가 **독신**이고 헤겔은 40세에 결혼했다. 이것도 할까 말까 망설이다가 결혼했다. 니체, 셸링, 쇼펜하우어, 자연과학자의 경우는 뉴턴, 플라톤, 데모크리투스, 헤라이크리토스 등 모두 독신자이다. 왜 독신으로 살았는가? 너무도 완벽한 것(대상)을 기다리다가 그렇게 된 것이다. 칸트의 경우 결혼할까 말까 망설이다가, 다시 말해 완전한 이상적인 사랑을 요구하다가 끝내 결혼을 하지 못한 것이다. 이상적인 완전한 사랑은 있을 수가 없는데, 타협하지 않고 계속 이상을 추구했던 것이다. 이런 의미에서 우리는 자주성이 부족하다. 이는 우리 민족의 하나의 약점인 것 같다.

퇴계선생은 전 주자학을 합해서 4대가의 한 사람이다. 일본의 어느 유학자는 퇴계를 공자와 같은 위치에서 보았다. 학문에서는 그 수준을 두고 공자는 '가라사대', 북한식으로 말하면 '교시하시고', 맹자의 경우는 '맹자왈', 그런데 일본인은 퇴계를 '가라사대'의 수준으로 표현하였다.

그러나 이는 주자학을 이어받아서는 대단한 학자이지만 서화담은 그렇지 않다. 주자학에 자신의 동양철학을 주장하였다. 주자학이지만 독특한 철학을 전개한 것이다. 제일 대표적인 인물은 수운 선생이다. 16세 되던 해에 그 때까지 공부해온 유교의 서적을 모두 불태워버리고 동학을 발전시켰다. 이런 용기가 필요하다. 자기의 주장을 끝까지 관철해나가는 의지력, 전투력, 지구력이 필요하다. 교육에서 꼭 이것을 하여야 한다. 창조성도 자주성 교육이 전제되어야 한다.

4. 자주성이 강해야: 창조적 재간도 빨리 깨닫게 되고

그런데 여기서 학교교육에서 놓쳐서는 안 되는 것이 사회협조성 교육이다. 인간은 고립적인 존재가 아니기 때문에 협조하고 단결하는 그런 정신을, 사람과 사람과의 관계에서 만들어내어야 한다. 그런데 사람과의 외교는 잘 하는데 이것이 균형이 맞지 않아서 진실하지 못하고 또 그렇게 과학적 지식은 없다.

맑스가 제1차 국제공산당을 만들 때 바쿠닌을 만났다. **바쿠닌**은 무정부주의자로 사람과의 사업은 잘 한다. 권모술수도 잘 쓰고 사람을 끌어모아 조직을 하는 데도 천재적인 재주가 있지만 이론적인 지식은 없다. 사람마다 개별적으로 특색이 있다. 그러나 여기서도 제일 중요한 것은 자주성이다.

그러므로 아이를 키우는 데서도 큰 목표를 세우고 교육을 해나가야 한다. 목표가 분명하지 않은데 무엇을 달성한다는 말인가? 자주성 교육부터 하여야 한다. 이것이 확고하게 되면 창조성은 따라가게 마련이다. 창조성은 재간이 있어서 빨리 깨닫고 해도, 자주성이 약하게 되면 좀 나가다가 자만자족해서 발전이 없게 된다. 자주성이 더 중요하다.

그런데 사회적 협조성이라고 하는 것이 또 더없이 중요하다. 사람이 협조할 줄 모르면 자기권위만 세우고 전진할 줄만 알지 후퇴할 줄은 모른다. 잘못하면 자기존재도 상대방의 존재도 모르게 되는 정신적 파산자가 된다. 큰 나라가 대국주의로 약소국가에 대한 저의가 있다고 하더라도 어느 정도는 참을 수도 있어야 한다는 것이다. 단결력이 약하고 참을성도 약하고 사회적 협조성이 약하다는 말이다. 단결하지 못한다는 민족이 제일 약소민족이다.

학교에서 왕따당한다고 하는 일이 있을 수 있는가? 아무리 완력이 있는 나쁜 학생일지라도 조직적으로 단결하여 대하면 꼼짝하지 못한다. **중국의 사례로 공산당으로 조직화되자 왈패가 꼼작하지 못하였다.** 1958년에 상해에 가보니 상해는 왈패가 있어서 그 누구도 장악하지 못했다. 공산당이 들어와서 조직화되니까 꼼짝하지 못했다. 북한의 평양에서도 해방 직후에 패싸움이 진행되는 등 저녁에는 나가질 못했다. 송아지를 받아서 죽이는 왈패가 있었는데 조직화된 당 간부들에 의해서 맥을 못쓰게 되었다. 조직화되어 단결하게 되면 아무리 개별적으로 완력이 있어도 꼼짝하지 못한다.

5. 정치교육: 사회적 협조성의 정치를 아는 전문가를 양성해야

그러면 단결하게 하는 것이 무엇인가? 그것이 사회적 협조성의 교육이다. 정의의 원칙에서 단결하여 나쁜 무리에 대해 대항하게 되고 서로 참으면서 화합하게 하는 교육을 해야 한다. 이것을 하지 못하면 무정부상태로 질서를 유린당해도 어찌할 수가 없는 것이다.

그렇기 때문에 결국은 정치교육을 학생때부터 해야 한다는 것이다. 사람을 조직화하고 단결시키고 설복하고 그런 재능을 어릴 때부터 키워주어야 한다. 옛날 서당에서는 종아리만 때렸지 자꾸 설복해서 자체적으로 질서를 세우게 하는 교육을 하지 않았다. 신학문이 들어와서도 글을 배워주는 것이나 했지 학생들이 자치제로 하여금 자치적으로 일을 처리해가는 훈련을 하지 않는다. 이것은 꼭 해야 한다.

이런 의미에서 볼 때는 우리의 보통교육 부문에서는 지금 체육선생이 이런 교육을 맡아하는 것으로 되어 있는데 위신을 가지고 제대로 조직화할 수 있고 설복할 수 있고 그런 사람이 이 역할을 맡아야 한다. 그러기 때문에 아이들에게도 자주성교육, 정신교육 그것은 어느 정도 할 수 있는데, 사회성 교육은 전문가를 파견하여야 한다. **사범학교에서 정치를 배워주는 그런 전문가를 양성하여야 한다.**

지금 정치라고 하는 것이 그런 협조성을 자꾸 선거에서 표를 많이 얻기 위해 돈을 쓰는 등 이런 길로 나가는데, 그래도 이런데서도 정신교육이 일부는 되지만 그러나 제대로 되는 교육을 어릴 때부터 가르쳐야 한다. 그래야 정치를 할 수 있게 되고 자치를 할 수 있게 된다. 이 3가지, 자주성, 창의성, 사회협조성 교육을 다 빼놓지 말고 해야 한다.

그 다음에 보통 교육에서는 **국가적인 의무교육제를 실시**하는 것이 유리하다. **보통교육은 공명정대하고 옳은 방향의 집체교육을 해야 한다.** 지금 돈있는 사람이 사립학교를 말하고 있지만 우리는 반대다. 사립학교에서 어릴 때부터 교육을 받게 되면 세운 사람의 주관이 작용하게 된다. 그것은 좋지 않다. 그 가운데는 훌륭한 사람도 있지만 국가적인 의무교육으로 우리 후대를 어떻게 키울 것인가 하는 **집체교육**이 필요한데, **이 교육은 또 공명정대하고 옳은 방향이기도 하다.**

그러면 어릴 때 특별히 재주있는 학생은 어떻게 할 것인가? 수재교육의 문제이다. 보통 교육을 하여야 한다. 보통 교육은 국민으로서 가져야 할 국민의 정신적 자질을 전반적으로 갖게 하는 것이 목적이다. 재간이 있다고 해서 재능만 강조하다 보면 토대는 약한데 바람이 불면 넘어지게 된다. 그래서 문학, 예술하는 사람도 과학도 배워주고 역사도 배워주어 인간으로서의 정신적 토대를 튼튼하게 만들어야 한다. 그래야 멀리 앞으로 나갈 수 있다. 좁은 울타리를 벗어나게 되면 독창적이지 못한다.

천재라고 하는 것은 정신병자다. 책을 한번 보고선 다 외운다. 불필요한 것은 다 잃어버려야 할텐데 잊어버리지 못하기 때문에 정신이 이상하게 된다. 글씨를 잘 쓴다고 천재라고 하는데 이를 과연 천재라고 할 수 있나? 명필이 되려면 사상이 있어야 한다. 그저 글씨만 가지고 되는가? 사진만 찍는다고 해서 진정 아름다운 면을 다 찍을 수 있는가? 그래서 아이들 때는 미술(그림), 체육(건강), 음악(노래) 등 모든 교육을 고루 받도록 해야 한다. 이런 것을 모르면 바보가 된다. 아이들 때는 집에서만 놀지 말고 내보내야 한다. 또 부화방탕하지 않고 건강관리를 잘 해야 한다.

중국인은 5천년 동안 그 많은 인구들과 정치를 해온 사람들인데 왜 속겠는가? 그래서 보통 교육관계에서는 폭을 넓게 하고 다 배워줄 필요는 없지만, 기본적으로 교육의 3가지 측면과 관련된 것은 다 시켜야 한다.

6. 대학교육: 집체에 기초한 첨단지식의 과학연구사업을

대학교육은 집체에 기초한 최 첨단지식의 과학연구사업을 결합하여야 한다.

그러면 대학에 가서는 어떻게 하겠는가? 사립대학과 공립대학을 서로 경쟁을 시키는 것이 좋다. 이제 경제로 말하게 되면 먹는 문제를 해결하는 데서는 공동적으로 해결하는 것으로 경쟁을 할 필요가 없다. 그런데 교육과 과학의 기술을 발전시키고 방법을 개선해서 경쟁을 하는데서는 하나로는 안 된다. 자유롭게 경쟁을 해야 한다. 그러기 때문에 대학에 가서는 사립대학과 공립대학을 배합하는 것은 좋지만 여기서도 **가장 큰 대학, 100년 대계를 내다보면서 교육하는 국가가 관리하는 국립대학을 하나 두는 것이 좋**

다. 그렇게 해야 대학교육사업과 과학연구사업을 통일시킬 수 있다.

과학연구사업과 대학교육사업은 밀접한 관계를 가져야 한다. 대학에서 강의만 하라고 하면 대학의 수준이 높아지지 않는다. 대학교육에서는 강의도 하면서 연구사업을 해서 자꾸 새로운 지식을 가져서 후대를 양성해가야 한다. 그렇게 하지 않게 되면 전반적으로 인류의 수준이 높아가도 학생들에게는 배워줄 내용은 같은 것으로 된다. 그래서 지식이 늘어나게 되면 보다 본질적으로 뭔가 하는 것을 교과서를 만들어 배워주도록 해야 한다.

그런 데서는 **대학의 교육이 역시 과학연구사업에서 최첨단의 지식을 배워주는 것으로 되어야 한다.** 지식을 위한 지식이 아니라 대학을 나온 사람들은 더 새로운 것을 아는 방향으로 대학교육을 발전시켜나가야 한다. 그래서 과학사업은 새것을 탐구해가는 사업이니까 대학교육과 과학연구사업을 결합시켜야 한다.

이렇게 대학교육 다음에 중요한 것이 과학연구사업이다. 과학연구사업도 집체적으로 하는 것이 있고 개별적으로 하는 것이 있는데 **배합**하여야 한다. 이것도 대학의 교육발전과 원리는 같다. 그러나 이것도 마음대로 내버려두게 되면 쓸데없는 것까지도 연구하게 된다. 연구사업에 아무런 이념도 없는 것을 가지고 예를 들어 정상적인 온도에서 핵융합을 한다고 한다. 1억도에 가까운 열이 있기 전에는 절대로 안 된다는 천문학적 지식이 없다.

또 금강석을 인공적으로 만든다고 한다. 금강석은 탄소로 만드는 것인데 같은 탄소인데 압축해서 만드는 것인데 전 지구의 힘을 가지고서 만드는 것을 인간이 한다고 한다. 필요도 없는 것이고, 뭘 하겠다는 것인가? 그렇기 때문에 통제를 하지 않고 내버려두면 생활적인 가치가 없는 것까지도 연구하게 된다.

7. 진리란: 객관적 현실에 맞고, 인간의 생활에 도움이 되어야

그런데 인류의 운명과 관련된 교육과 과학의 큰 연구사업을 하려면 역시 협력이 필요한데 작은 대학으로서는 안 된다. 그렇다고 작은 대학을 비교하려는 것은 아니다. 각자 노력하기 나름이다. 뇌의 크기로 말하면 프랑스의 노동자의 두뇌가 2kg으로 제일 크다. 아나톨리 프랑스는 1kg정도로 두뇌가 작다. 프랑스의 천재인 작가로서 유명하다. 우리가 자기 뇌를 다 써 본 적이 없다. 그렇기 때문에 사람이 어떻게 노력하는가에 달려 있다. 생리적으로 타고난 것에 집착할 이유가 없다. 그래서 아이들을 키울 때 머리가 나쁘다고 하지 말고 좋다고 추어주며 키워야 한다. 머리가 나쁘다고 생각하면 나빠지고 만다.

진리로 되기 위해서는 조건이 두 가지다. 첫째로 객관적인 현실에 맞아야 하고, 둘째로는 인간의 생활에 도움이 되어야 한다. 객관적 현실에 맞는 것이 진리가 아닌가? 그러나 한강의 모래알이 몇 개인가를 아는 것이 인간의 생활에 무슨 소용이 있는가? 인간생활에 가치가 없는 것은 진리로서의 가치가 없다. 이 두 가지가 맞아떨어져야 한다. **인간생활에 도움이 된다고 하는 것 자체가 보편성을 가지는 것이다. 인간이 가장 발전된 존재이기 때문에 그만큼 보편성이 크다는 것을 말하는 것이다.**

인간이 더 발전해서 지구를 다 지배하고 태양계를 지배하고 은하계를 지배하게 되면 **우리의 발전에 유익한 것은 그만큼 더 보편성을 가지게 된다.** 우리에게 은하계까지도 유리한 것으로 되면 **그만큼 보편성이 넓어진다**. 그렇기 때문에 인간에게 유리하다는 것이 실용적인 것만이 아니고 그 자체가 가장 보편적 존재로 따라간다는 의미에서 그만큼 보편성을 가진다는 의미에서 두가지 조건이다.

그래서 과학연구사업은 내버려두게 되면 대학에서 무슨 기(氣) 연구를 통해 생명을 연장한다고 하는데 이런 환상적인 연구가 어디 있는가?

실천과 결부하여 실천적으로 효과가 없는 것은 통제를 해야 한다. 소위 **육감**, 즉 '감'에 의한 것으로, 오감으로 시각, 청각, 미각, 촉각, 후각의 5

가지 감각이외 또 육감의 감각이 있다고 하여 6감이다. 이것은 딴 것이 아니다. 이런 본능적인 감각에서 종합되거나 해서 육감인데 감각을 자꾸 훈련시키면 발전하게 된다.

역시 정상적으로 공부를 하면서 이런 것들을 이용하는 것은 나쁘지 않다. 이는 일종의 최면술을 자기에게 건 것과 같다. 자신에게 신념이 생겨서 자꾸 행동하고, 그리하여 내가 신념이 있다고 자꾸 생각하게 되면 자기도 할 수 있다는 신념이 생기게 된다. 정신적으로 하는 것은 역시 교육을 하는 것이고 과학연구사업을 하는 것이다.

8. 문학·예술교육: 철학적 이론이 있어야

그 다음에는 문학예술교육이다. 문학·예술은 이론과는 다른 것으로, 이론은 지식으로서 논리로서, 논리란 지식의 연계체재이다. 논리란 지식의 단편적인 것이 아니라, 연결하는 체계의 질서에 따라서 정리한 것이 논리이다. 그런 이론으로서 사람이 나아가야 할 길을 가르켜주는 것이다. 그런데 예술은 형상으로서 보여주는 것이다. 우리가 발전된 잘 사는 사회를 건설해야 된다며 이를 가르쳐주는 것이 **이론**이라면, 아름다운 생활이 무엇인가? 보다 더 아름다운 생활을 형상적으로 보여주는 것이 **예술**이다.

가장 아름답다는 것은 가장 발전된 존재라는 것을 말한다. 꽃이 아름다운가? 사람이 아름다운가? 꽃이 아름답다고 하면 꽃하고 같이 살 것인가? 꽃이 아름답다고 하지만 눈물을 흘릴 줄도 모르고, 선인이나 악인에게 모두 똑 같다. 사람도 발전된 사회에서 더 아름답다. 그러므로 겉으로 못생겼다고 해서 걱정할 것이 없다. 발전된 존재로 자신을 자꾸 발전시키면 진짜 아름다운 사람으로 평가받게 된다.

가장 발전된 것이 가장 아름답다. 이것이 원칙이다. 그러므로 가장 아름다운 생활을 창조하도록 형상으로 표현하는 것이 예술이다. 따라서 이론으로 서술하는 것보다도 이것을 형상화해서 문학이나 예술작품으로 만들게 되면 몇배나 더 영향력을 발휘한다. 괴테의 말대로 추상적이다, 잿빛이다

하는 것을 형상적으로 내보내면 뚜렷해진다. 영향력이 대단히 커진다. **그래서 세상사람들이 과학적인 진리보다도 문학·예술에 관한 것을 보고 오랫동안 기억하고 있다. 인생은 짧지만 예술은 영원하다는 말을 하게 된다.**

그런데 문학예술이 매우 중요한데 여기 약점이 어디 있는가 하면 이론과 이 형상화하는 것을 배합해야 하겠는데 이론이 약하다는 것이다. **말하자면 인생관에 관한 철학적 이론이 약하기 때문에 형상에 대한 것을 설명하지 못한다.** 고리끼와 둘째로 레오나르도 다빈치에 관한 예를 들어 보자.

먼저 **고리끼의 작품으로**, 유랑하면서 돌아다니는 민족의 집시에 관한 얘기이다.

집시의 촌락에서 로이꼬라는 청년이 대단히 용감하고 그저 무엇이든지 도둑질도 잘하고 기타도 잘타고 온 동네사람으로부터 영웅취급을 받았다. 그런데 제대군인 다니엘에게 라자란 딸이 있었는데 자존심이 강했다. 노래도 잘하고 남자를 남자로 생각하지도 않았다. 노래하는 장소에 로이꼬가 나타나니 모두 영웅이 왔다고 야단인데 라자는 본체만체했다. 로이꼬가 노래를 부르며 라자의 표정을 보고 있는데 오히려 무슨 노래가 모기소리같으냐고 대꾸했다. 로이꼬는 모든 여성을 자기 마음대로 끌어당기는 능력을 가지고 있는데 이 여자만 반대했다. 그러니까 여기서 매력을 느꼈다. 처녀의 아버지에게 아내로 줄 것을 청혼했다. 좋다며 데리고 갈 수 있으면 데리고 가라고 했다. 그래서 끌어다닐려고 하는데 어느 사이에 라자가 말머리한 채찍으로서 다리를 걸어 잡아다녔다. 온 동네사람 앞에서 여자로 망신을 당하게 된 꼴이 되자 칼부림할 수도 없고 자리를 떠나자 집시의 추장이 어떻게 나가는지 따라가 보라고 하자 밀밭에 숨어 가만히 보니까 로이꼬가 돌맹이 위에 앉아 있었다. 얼마 안 있어서 라자가 로이꼬에 접근해가자 모욕을 준 라자인줄을 알고 라자의 이마에 피스톨을 갖다 대었다. 라자가 칼버려라 싸우러 온 것이 아니라 화해하기 위해서 왔다며 대담하게 나왔다.

그러자 로이꼬가 너 말을 들어보자고 했다. 라자는 나는 너만을 남자로 생각한다. 너도 나만을 여인으로 여길 것이다. 우리는 서로 없이는 못사니 화해하자고 하니 로이꼬 역시 반대가 없다고 대답하니 라자는 그러면 내일 저녁에 나한테 와서 만인이 보는 앞에서 내 발에 키스를 해보라고 하였다. 그래서 그 이튿날 라자가 먼저 와서 누워서 기다리고 있었다. 로이꼬가 왔는데 하룻밤 사이에 너무나 고민을 해서 모습이 달랐다. 조건이 서로가 사랑하면 다른 사람을 사랑해서는 안 되고 다른 사람을 위해서 노래를 불러서도 안 된다는 것이다. 사회를 완전히 버리게 하고 자기만 사랑하는 존재로 되라는 조건이었다.

지금까지는 로이꼬는 전체 집단의 사랑을 받은 사람인데, 그래서 여기서 모순이 생겨 밤새 고민을 하게 된 것이다. 라자는 누워서 "빨리 와서 자기 발에 키스를 해라" 하고 로이꼬는 "기다려라, 너무 서두를 필요가 없다"고 했다. 사람들은 영웅인 로이꼬가 라자의 발에 입을 맞추는 것에 흥미를 가지게 되었다. 그런데 키스를 하는 것같은데 장도칼을 찔렀다. 그러자 라자는 "나는 너가 그렇게 할 줄 알았다"며 장도칼을 빼던지며 머리채를 낚은 채로 죽었다. 라자의 아버지가 장도칼로 로이꼬의 등을 찔러 둘 다 죽었다.

그러면 이것은 무엇을 말하는가? 여기에 아무런 설명이 없이 끝났다. 이것은 무엇을 말해 주는 것인가? 왜 이렇게 가장 우수한 남자와 우수한 여자가 이렇게 밖에는 결과를 얻을 수 밖에 없었는가? 여기에 대한 해답이 없다. 이 해답을 우리 모두 생각해보자.

다빈치의 모나리자에 대한 3대 의문, 즉 ①미소(微少)의 문제 ②진리발견의 호기심과 공포심 ③우정과 애정에 관해 살펴보자.

레오나르도 다빈치는 르네상스의 대표적인 천재이다. 못하는 것이 없었다. 모나리자는 플로렌스의 부호(귀족)의 부인인데 자기 남편의 요구에 따라서 모델로 해서 초상화를 그리는 것을 다빈치가 맡았다. 4년 걸렸는데도 완성을 못했다. 못그린 것이 무엇인가 하면 ①자신만만한 미소를 짓고 있는 그녀의 미소가 무엇인가를 궁금해 했기때문이다. ②그 다음에는 친해지면서

"내가 처음에 자연에 대해서 연구할 때는 **호기심**을 가지고 연구하기 시작했다. 그런데 자연을 연구하다보니 자연이 너무도 넓어 겁이나서 **공포심**이 생겼다. 그래서 처음에는 호기심과 공포심이 싸우다가 요즈음에 와서는 호기심이 이긴 것같다"고 하자 모나리자가 "그렇게 위대한 진리를 호기심만 가지고서 발견할 수 있는가"라고 말했다는 것이다.

이것도 문학가들이 만들어 낼 수도 있지만 어쨌던 호기심이외에 무엇이 존재한다는 말인가? 자연의 진리를 발견하기 위한 위대한 동기란 도대체 무엇인가? ③그 다음의 또 하나의 의문은 두사람간의 관계가 남녀간의 성적인 관계인가 아니면 무슨 딴 것인가? 알 수가 없었다. 그림을 끝내지를 못하고 이 3가지 답변을 얻기 전에는 다시는 만나지 않겠다고 3년동안 방랑생활을 했다. ①미소(微笑)의 의미 ②진리의 발견을 위한 위대한 동기 ③애정의 문제 이 3가지를 끝내 알 수 없어서 다시 찾아나서 직접 모나지라에 물어보기로 했다. 그런데 모나리자는 세상에 없었다. 그래서 초상화를 그리고서 종신 독신으로 살았다고 한다. 이것은 도대체 무엇을 말해주는 것인가? 이 3가지 의문에 대해서 우리가 어떻게 답변을 주어야 되는가?

이런 문제들에 대해서 철학적인 기초를 가지고서 생각하지 못했다. 문학작품에 그런 것이 많다. 문학에 4대 문호가 ① 희랍의 호메로스(Homer) ② 르네상스시대의 단테 ③ 세익스피어 ④ 괴테는 각각 특색이 있다. 그런 사람들의 특색이 무엇인가? 이런 것들을 철학적으로 해명한 것이 없다.

인간중심철학은 철학적으로 해결이 되어 있다. 그래서 우리의 의견은 재능있는 사람들이 이 철학적인 원리(이론)와 결합되게 되면 크게 발전할 수 있다는 것이다. 그 기초가 약하게 되면 형상화하는 재능이 있다고 하더라도 멀리 나가지 못한다.

9. 인간중심철학의 해석: 다빈치와 고리끼 그리고 괴테

그럼 현재의 입장에서 우리 나름대로 해석을 해보기로 한다. ①**모나리자의**

미소는 신념의 표현으로 보여진다. 신념이 강한 사람은 그림그리기가 힘들다. 억측할 수 없는 그런 깊은 신념이 있었기 때문에 그런 미소를 지었을 것이다. ②그 다음에 호기심보다도 더 중요한 것은 인류의 운명에 관한 것, 사람에 대한 진정한 사랑이고, 개인적인 호기심을 초월한 큰 가치있는 것, 즉 인류의 운명이라든가 인간에 대한 사랑과 같은 식으로 문학작품을 보라는 것이다. ③그리고 남녀 간의 관계는 애정과 우정 두 가지가 다 있을 수 있다. 다빈치가 잘못 생각해서 그런 것이다. 원래 남녀간의 사랑과 인간과의 사랑은 동떨어진 것이 아니다. 그렇기 때문에 크게 신경쓸 것이 없다. 다빈치도 당시의 사람으로서는 종합적인 천재이지만 그런데 대한 사상적 깊이에 있어서는 아직도 초보적이다. 또 후대에서 만들어낸 말인지, 직접한 것인지에 대해서는 알 필요가 없다. 다빈치는 당시 법왕(교황)의 아버지가 체자르인데 권모술수에 능한 그에 아부해서 궁정이나 변소나 어느 것이든 설계해주겠다고 했다. 10명의 도둑에게 아첨하는 친구와 달리 한 사람의 도둑에게 아첨한다고 했는데 아무튼 사상적 수준이 발전하지는 못한 것이다.

또 고리끼의 작품에서 상대방의 독자성을 인정하고 사랑은 예속관계가 아님으로 서로 사랑해야 한다. 아마도 자존심이 강한 라자인 것을 두고 복종했더라면 그 여자는 또 싫어졌을 것이다. 그래서 자기 죽음에 직면하여 "네가 그럴 줄 알았다"고 말한 것이다. 절대적인 사랑, 완전히 자기만에 복종하는 사랑을 요구하는 것은 잘못이다. 부부간에서도, 연애하는 데서도 상대방의 독자성을 인정하면서 공동의 목적을 위해서 서로 협력해야 한다. 공동의 목적을 위해서 생명이 서로 결합되는 것이다. 그것이 **사랑**이다.

괴테의 파우스트에도 이기주의의 한계가 있다.

괴테의 파우스트에서 말가리테하고 파우스트의 사랑이 파탄된 것도 **하나는** 전래의 사회적인 관계 속에서만 개인적인 사랑이 성립될 수 있다고 말하는 것이고, **다른 하나는** 상대방을 존중히 여겨서 공동의 목적을 세우고 공동의 목표를 실현하기 위해 협력하는 방향에서 이끌어나가는 것이다.

역시 여기서도 일정하게 독점하자는 이기주의는 한계가 있다는 것이다. 라자의 강한 독점욕, 로이꼬의 모든 희생은 이것은 사랑의 기본원리에 모순되고 인간본성에도 모순이 된다. 여기서 우리가 어떻게 나가야 되겠는가? **오늘날 자본주의자들이 공동의 목적을 개인의 존재보다 더 고상한 목적을 위해서 협력하는 방향으로 사람을 이끌고 나가야 한다는 것이 결론이다.**

본고는 한 민족의 평화통일을 위해 한국 민주주의의 발전과 교육제도에 관해 황장엽선생의 저술과 강의를 중심으로 고찰해본 것이다.[12] 다른 해석이 있으면 얘기해보자.

12) 황장엽, 『민주주의 정치철학』 (시대정신: 2010) pp. 467.

제4부

인간중심정치철학과 민족통일학

제11장
민족통일학: 변증법적 전략전술론

Ⅰ. 변증법

변증법학설은 결합과 형식으로 인간의 발전을 위한 것이다. **발전이란 무엇인가?** 어떻게 되어 일어나는가? 발전의 원인·가능성·동력이란 무엇인가? 맑스주의자는 투쟁으로 보지만, 발전은 단순한 것이 결합되어 협력·협조함으로써만 일어난다. 자연계에서도 인간의 발생과정도 그러하다. **발전의 변증법**을 알기 위해서 이것부터 알아야 한다.

① 양과 질의 변증법(존재와 운동의 변증법)
② 대립물의 통일의 변증법(부정의 부정의 법칙)
③ 연속적인 것과 불연속적인 것의 변증법(자기 갱신의 변증법)
④ 주체와 객체의 변증법(인간과 세계의 상호관계의 변증법)
⑤ 목적과 수단의 변증법

발전의 변증법은 이론과 형식을 구분하지 않았다.

① **양과 질의 변증법의 존재와 운동의 변증법을 두고,** 철학학설로 존재론[13]과 운동론[14]이 있다. 헤겔의 **존재론에서** 맑스는 존재를 물질로 보고 법칙화(객관화)하여 **질량의 법칙**[15]으로 하고, 인간중심 정치철학에서는 **양**

---

13) 헤겔은 존재를 두고, 내용이 아무 것도 없고 순유(純有)는 순무(純無)로, 즉 양자의 존재가 입자(particle)와 파장(wave)의 관계, 미분과 적분의 도함수관계의 질(質)로 시작하였다.
14) 운동론에서 논리적 전개의 기본도식(형식)으로 **변증법논리**라면 사실은 **정반합논리학**으로 정반합과 변증법이 결부된 것이다.
15) 헤겔은 '형식'이라고 했지, '법칙'이라는 말은 맑스가 했다.

질의 법칙으로 정의하였다.

헤겔은 양을 몰라서 '질량의 법칙'으로 했지만, 인간중심 철학에서는 '양질의 법칙'으로 했다. 제일 원시적인 것이 빛인데, 이 단순 물질도 결합으로 레이저광선이 된다.

② **대립물의 통일의 변증법, 즉 부정의 부정의 법칙을** 헤겔의 **본질론, 개념론으로 설명해보자.**

맑스는 질량의 상호 전환·변화의 근거가 존재에서 본질이라고 보고, 유물론자들은 통일되어 있는 것을 본질로 보고 모든 사물의 본질이 **대립물의 통일과 투쟁의 법칙**으로 나오게 되었다. 인간중심 철학에서는, 맑스주의자들이 (계급)투쟁과 모순을 강조한 데 반하여, 투쟁보다 통일을 강조하며 **투쟁은 통일의 방해요인을 제거하는데만 적용한다.** 특히 '모순'의 개념은 맑스주의 변증법을 왜곡시키게 된다. '대립물의 투쟁의 법칙'은 논리적 문제이기보다 방법의 문제로 투쟁과 협력의 해석이 다른 것이다.

헤겔의 **개념론**(판단, 추리, 개념)은 주관적 개념(正: 정은 긍정이고), 객관적 개념(反: 반은 긍정을 부정하며), (절대)이념(合)으로 나누어 **정반합의 논리형식**을 모든 부문에 적용하였다. 이에 비해, 헤겔에는 정반합논리학만 있지, 맑스주의에서는 '대립물의 통일의 법칙'을 만들어 내었다. 맑스는 이를 객관화하여 사물발전의 형식으로 이론과 결합하여 가르지 않고 **부정의 부정의 법칙**으로 설명하였다. 인간중심철학에서는 **연속성과 불연속성의 통일(동일성과 차이성의 통일)의 원리**[16]를 말하고 있다.

사물의 기본적 구별은 **동일성과 차이성**을 두고 '같다면' 모순이지만, '같이 존재한다면' 모순이 아니다. 서로 다른 면이 '결합과 협력'으로 동시에

---

16) '연속성과 불연속성의 통일'의 문제는 '변증법논리'와 '형식논리'의 상호관계르 말할 때 다시 거론된다.

존재한다면 모순이 아니다(모순은 창과 방패를 두고 한 상인이 서로 이긴다고 한데서 유래한 말로). 모순은 있을 수없다. 모택동도 모순이 있어야 운동·발전이 있다고 하니 이해가 부족하다. 차이성과 동일성은 다르고, 결합되어 협력으로 존재하는 것이다. **공존해야 발전이 있는 것이다. 결합을 위한 창조적 노력이 필요하다.**

'대립물의 통일'과 '모순의 법칙'은 같은 것이 아니라 다르다. 그래서 『논리학』을 다시 써야 한다. 폭력과 계급투쟁을 정당화하기 위한 것이다. 또 모순을 같은 것으로 보니, 통일을 위해서는 폭력과 투쟁밖에 없는 것이다. 또 맑스주의자들은 국가를 집단으로 보지 않고 통치기구로 보고 있다.

③ 연속적인 것과 불연속적인 것의 변증법(자기 갱신의 변증법)에서 개인주의와 집단주의, 보수주의(계승성)와 진보주의(혁신성)의 통일을 강조하였다. 인간발전의 연속성(집단주의)과 불연속성(개인주의)의 관계는 계승성과 혁신성의 개념으로 보충하여 설명하는 것이다. 모든 것이 발전하기 위해 부정하고 또 부정하여 긍정으로 돌아온다. 인간과 인간의 관계에서 '부정의 부정의 법칙'은 '자기갱신의 변증법'으로 나타난다. 이는 인간의 자연과의 관계에서도 마찬가지다.

④ **주체와 객체의 변증법(인간과 세계의 상호관계의 변증법)에서** 헤겔과 맑스는 위의 세 가지 원리로 끝나는데 인간중심 변증법에는 두 가지 논리가 더 있다. 즉 **인간을 중심으로 볼 때** 인간과 세계의 관계에서 발전을 지켜나가는 논리로 **주체와 객체의 통일의 법칙**을 말하고 있다.

⑤ 그리고 **목적과 수단의 변증법에서 인간을 중심으로** 삶의 목적에 맞게 수단은 목적을 위해 써야 한다는 의미에서 **목적과 수단의 통일의 법칙**을 말하고 있다.

이렇게 **인간을 발전의 주체로 출발점으로** 하여 발전의 논리가 아니라, 발전을 지켜나가는 논리로 ①②③도 인간을 중심으로 개작해서 해결한 것이다.

II. 인간중심 변증법의 논리(要旨)

그래서 사물이 어떻게 발전해 나가는가 하는 이론과, 발전해나가는 이론이 **사유형식**으로서 형식이 무엇인가 하는 것과는 구별하자는 것이다. 그리하여 이제 맑스의 변증법에서도 부정의 부정을 통한 양과 질에 관한 변증법이나 대립물의 통일과 투쟁에 관한 변증법 등의 문제들을 발전하는 형태의 사유형식과는 어떻게 되어야 하는 것으로 살펴보고자 한다.

헤겔에 있어서도 존재가 본질로 발전하고 본질이 개념으로 발전한다고 하는 이론하고, 그것이 모두 **정반합**으로 발전한다고 하는 형식과 이것을 구별하자는 것이다. 그렇게 해서 논리적인 질서를 세우는데 도움이 된다. 통일시켜 나가자고 하지만 그렇지만 구별은 해야 한다는 것이다.

사람이 어떻게 자기 운명을 개척해나가는가 하는 구체적인 이론과, 그러한 사람이 자기 운명을 개척해나가는 형식이 무엇인가? 창조적 활동의 형식이 무엇인가 하는 발전의 사유형식 형식문제와를 구별하여야 되겠다는 것이다.

말하자면 발전운동의 내용이 무엇인가 하는 문제는 철학적인 운동론, 발전론에 속하고, 이제 정반합과 같은 것은 변증법의 논리학에 속한다고 볼 수 있다. 논리의 형식이다. 논리의 형식과 논리의 내용과는 구별한다는 생각이다.

논리의 형식에 있어서 그 가장 일반적인 형식은 몇 개 안 되기 때문에 **변증법적 논리학**에 포함시켜야 좋지 않겠는가? 그래야 실질적으로 논리의 형식도 이해할 수 있고 그래서 통일도 되는 것이다.

원래는 헤겔과 맑스는 통일시킨다는 말은 하지 않고 같이 취급했다. 헤겔 논리학은 존재론, 본질론, 개념론으로 되어 있는데, 그런데 이것을 풀어가는 형태(형식)는 전부 정반합이다. 다른 자연철학도 정신철학도 전부 정반합으로 풀었다.

논리학은 옛날 말로 하면 **형이상학**이다. **전통적인 논리학**은 논리적인 형식에서 지금까지 정지상태에서 불변상태로 논리적인 전개가 어떻게 되어야 하는 것을 밝힌 것이다. 한편 **변증법**은 변화발전하는 상태에서 논리적인 연계형태가 어떻게 되겠는가를 밝히는 것이다.

이런 점에서 볼 때는 두 가지가 다 사유형식으로 논리학으로 되어야 하겠는데,

전통적인 형식논리에서는 형이상학을 따로 취급했지만 형식논리학과 별도로 다른 것이 제기되지 않기 때문에, 그저 형식논리로 다 통할 수 있었다.

변증법에 가서는 정반합만 가지고는, 물론 정반합은 고칠 수는 있지만, 이 형식만을 가지고는 불충분하다고 보고, 가장 기초적인 형식인 형이상학이 역시 변증법적 논리를 이해하는데 도움이 되기 때문에 포함시키게 되었다.

다음에 문제는 실천적 효과가 어떻게 되겠는가하는 것이다. 엄격하게 가르자면 **변증법적 논리는 정반합 밖에는 없다.** 정·반·합이 잘못 되었기 때문에 정반합에다가 통일과 분열, 대립을 극복하기 위한 투쟁과 협조 다시 통일, 이렇게 하는 형식 밖에 없다.

그러므로 투쟁과 협조라는 **주관성**과, 정·반·합이라고 하는 **객관적 형식**을 결부시켜야 한다. 그런 식으로 해서 도식을 발전시킬 수 있는데, 그것만 가지고서는 발전에 관한 방법론으로서는 불충분하다.

방법론으로서 논리학이 논리적인 연계의 형식이긴 하지만, 그것을 지침으

로 해서 사물을 보는 방법론이기도 하여 **인식의 방법**이다. 그런 의미에서 볼 때는 인식의 방법으로서의 논리와 사물의 논리적 연계를 형식으로서의 논리로 보는 **변증법적 논리학은,** 두 가지 측면을 방법론으로 하는 논리학과는 구별해야 하겠다.

변증법적 논리학은 그 전략전술로 다음의 문제를 다룰 수 있겠다.

변증법과 전략전술, 전쟁과 평화의 원천과 전략적 입장, 싸움 준비, 폭력을 쓰지 않고 이기는 전략, 싸우는 방법, 정권의 민주화 전략, 세계민주화 전략의 기본문제 등이다.17)

마지막으로 변증법적 전략전술로 **한국 민주주의 개선·강화**에 대해 언급하고자 한다.

첫째, 한국의 민주주의의 정체성을 확고히 수립하여야 한다.

① 민주주의 지도이념을 핵심으로 하는 민주주의 정치사상교육을 강화하여야 한다.

② 민주주의 체제를 고수할 수 있도록 법질서를 엄격히 세워야 한다.

둘째, 한국의 민주주의를 통일시대의 새로운 요구에 맞게 개혁을 진행하여야 한다.

③ 개인주의의 자본주의이념에 기초한 한국정부의 삼권분립주의 권력구조는 제4 지도사상부를 넣어 평화통일을 위한 상대적 독자성과 통일성을 보장하도록 하여야 한다.

한편 세계민주화를 위한 사업에서 지켜야할 원칙과 방법은 무엇인가? 인간중심민주주의를 발전시켜야한다. 세계인민의 궁핍을 해결하고, 정신문화 수준을 고양하고, 독재를 제거하고 민주주의 발전의 길을 열어주어야 한다.

세계의 민주화와 인류의 미래 발전을 규정하는 기본요인으로 생산력의

---

17) 황장엽, 『변증법과 변증법적 전략전술』(시대정신:2009.6.1), pp 285 참고.

발전으로 국가별 불평등을 제거하여야 하고, 그리하여 정신문화를 고양하기 위해 인간중심민주주의에 기초한 국제민주주의 정당을 건설하는 것이 필요하다. 인간은 개인적 존재이면서도 집단적 존재인 만큼 개인주의와 집단주의의 일면을 극복한 고차원의 민주주의사상을 지도이념으로하는 이념당건설이 선행되어야 한다.

이들이 변증법적 전략전술에 기초한 한 민족의 평화통일학이 정립되어야 하는 이유이다.

Ⅲ, 인간중심정치철학의 완성: 정치·사상·통일교육을 위해

인간중심정치철학의 발전의 논리학(변증법)은 상기의 5가지 원리로 완성되었다.

부정의 부정의 변증법은 정·반·합의 변증법 관계를 유물론식으로 개작한 것이다. **정·반·합**은 긍정의 부정, 부정의 부정, 그래서 긍정으로 되돌아오는 것을 말한다. 부정과 긍정은 바로 연속성과 불연속성의 한 부분은 될지 모른다. 그러나 계승하는 것이 있으니까 부정으로서 출발했다가 부정에서 다시 긍정으로 돌아오니 역시 계승성의 문제이다. 이 때의 계승성은 더 발전되어 계승하는 것이다. 그 관계를 **인간중심정치철학**에서 철학적으로 풀어놓은 것이다. 그리고 대립물의 통일에 관한 것, 이것도 연속성과 불연속성의 문제를 생각해보아야 한다. 이것은 결국 **동일성과 차이성의 대립과 통일의 문제다.**

다시 한 번 정리하면 **인간중심정치철학의 논리**로 제일 보편적인 것이

첫째가 주체, **발전의** 주체 자체가 어떤 성질을 가지고 있는가하는 것이다.

객관적 존재성과 **주관적인 자기 보존성**을 가지고 있다는 것이 첫째의 특징이다. 객관적인 존재성이란 것은 양적으로 규정된 것이다. 양적인 규정성에 따라 질적인 규정성이 달라진다는 것이 양·질의 법칙이다. **그것을 발전**

의 주체의 본질적인 속성으로서 나타내고 있는 것이다.

그 다음에 존재하는 것의 중요한 특징은 **연속적인 것과 불연속적인 것**, **동일성과 차이성의 통일**이라는 두 가지다.

그래서 ①첫째는 양적 규정성과 질적 규정성의 관계를 **양·질의 법칙**으로 하여 발전의 주체의 특성으로서 풀고 ②그 다음에 **대립물의 통일**에 관한 것으로, 동일성과 차이성의 대립과 협조관계를 풀고, ③그 다음에 **연속성과 불연속성의 관계**로서 개인주의(개체적 존재)와 집단주의(집체적 존재), 진보주의(혁신성)와 보수주의(계승성)의 문제를 풀어나가는 것이 순서가 될 것 같다.

그리고 나서 이를 다시 (여기에 포함시킬 수도 있지만) 인간을 발전의 주체로 볼 때 ④**주체와 객체와의 관계**, ⑤**목적의 수단의 관계**로서 설명해나가는 것이다. 이렇게 통일시켜야 할 것 같다. 하여튼 앞으로 더 연구해 나가도록 하자. 논리학 정리를 위해서 일정한 정리가 필요할 것이다.

우리가 실천적으로 볼 때 연속성과 불연속성에서 제일 실천적으로 요해하는 것은 개인주의와 집단주의, 보수주의와 진보주의의 문제이다. 이렇게 정리하는 것은 아마 제일 중요한 것이 개인주의와 집단주의의 문제로, 역시 보수와 진보에 관한 문제이다.

맑스나 헤겔은 **존재의 근본속성**으로부터 출발하지 않았다. 헤겔은 아무 규정성도 없는 순수한 有를 출발점으로 했다. 그러므로 발전의 주체의 본질이 발전의 운동에 어떠한 영향을 주는가를 보지 못했다. 맑스주의는 아무런 규정성도 없고 그저 객관적으로 존재한다고 하는 추상적인 것밖에는 없는 것으로 출발했다. 그러므로 헤겔과 같은 것으로 되었다. 이들은 모두 주체가 없는 변증법이다. 우리는 주체가 있는 변증법으로 시작한다. 제일 근본적인 특성이 무엇인가 이것을 출발점으로 하자고 했다.

그리고 주체의 존재의 특성에는 2가지가 있다(한 가지라고도 할 수 있는데). 연속성과 불연속성과 이와 따라다니는 보편성의 특성이 동일성과 차이성이다. 대립성과 동일성이다. 보통은 주체를 떠난 자꾸 운동에 대해서만 얘기하는데, 여기서는 출발점을 주체, 즉 존재의 근본속성이 어디에 있는가 하는 것으로 시작한다.

객관적 존재성과 자기보존성이 **결합**되어 **운동**이 되는데 이것을 첫째로 놓고,

그 다음에는 그 존재가 연속적인 동시에 불연속적이라는 것을 고찰해야 한다. 이는 통일성과 차이성이다.

이렇게 해서 3가지 측면에서 **발전에 관한 형태**를 살펴보아야 하겠다.

도덕에서 제일 중요한 것이 국가에 대한 충성심이고, 애국주의(patriotism, 민족주의)인데 민주적으로 조국을 사랑하고 민주조국을 고취해 나가기 위해, 냉전교육을 받아서인지 사람들의 사상 상태가 느슨한 것을 두고 **인간중심철학에 기초한 '동일성과 차이성의 통일의 원리'를 정신교육, 사상통일교육으로 고취해나가야 한다.** 통일성을 강화하기 위해서는 사상적인 통일을 이룩하여야 한다. 민주주의 지도이념을 한 단계 높여서 사상교육을 하는 것이다. **사상은** '이해관계를 반영한 사회의식'으로 사상적인 통일을 이룩하는 것이다.

통일을 위해서는 백이·숙제의 나라를 만들 것이 아니라, 도덕가와 책략가를 구별하여 '변증법적 전략전술'에 능한 정치지도자를 선발해야한다. **사랑의 본질은** 남녀간의, 부부간의 결합에서처럼 생명력을 강화하는 것이다. '차이성과 동일성의 통일의 원리'로, 사랑의 수준은 **발전의 향상**과 같이 구성요소와 결합구조로 하여 행복의 파랑새처럼 끝없이 향상되어 나가는 것이다.

인간은 구성요소와 결합구조를 두고, 구성요소에서 육체를 가진 양적인 물질적 존재이고, 질적인 정신적 생명적 존재이다. 결합· 협조해가는 것이 '**정치**'다.

결론적으로 **인간중심 변증법의 특징**은 양질의 법칙은 막연한 법칙이 아니라, 인간발전을 전제로 양(육체)과 질(정신)의 상호관계를 인간발전에까지 밝힌 것이다.

헤겔의 변증법적 논리는 발전의 논리학이다. 그런데 발전의 논리를 형식논리와 대칭시켜서 소련에서 사회주의혁명이 승리한 다음 형식논리학을 강의를 못하게 했다. 잘못된 것이기에 변증법만 가르치게 한 것이다.

그래서 논리학강의가 1948년에 다시 시작하게 되었다. 그것은 스탈린이 신학교에 다닐 때 논리학과 역사학 두 가지만 공부했다고 한다. 스탈린이 자신에게 '보고서'가 들어오는 것을 보고서 왜 이렇게 논리가 없는가? 학교에서 논리학은 방법론이기 때문에 배워주지 않는다고 하자 그런 것이 아니라며 논리학을 가르치라고 했다. 당시에는 논리학 책을 반동적이라며 다 태워버렸기 때문에 논리학저서를 구할 수 없었는데, 전국적으로 찾다가 스탈린이 학교에 다닐 때 출판한 제포코노프라는 사람이 쓴 조그만 책이 있었는데 그것을 출판하게 되었다.

그 다음에 스탈린이 가르치라고 하니까 학자들의 책이 나오게 되었다. 그리하여 1949년부터 본격적으로 **형식논리학과 변증법적 논리학**이 무엇이 다르고 일치되는가, 옳은가 2년동안 논쟁을 벌였다. 그런데 하나도 해결되지 못하고 흐지부지하고 말았다.

이번에 이 황장엽선생의 **『발전상태의 논리학』이** 출간되면서 그 문제가 완전히 해결되었다. 아울러 이 발전상태의 논리학에 기초하여 '인간중심정

치철학'이 완성되게 된다.[18]

한편 이를 필자는 변증법적 전략전술에 기초한 '민족통일학'으로 지칭하고자 한다.

18) 황장엽·이신철 『논리학』 (시대정신: 2010) pp. 200.

제12장
참다운 민주주의이념 연구회 발족을

Ⅰ. 올바른 개념정립과 연구학습의 길

지금은 민주주의의 시대다. **민주주의의 위대한 생명력은** 민주와 반민주가 첨예하게 대립되어 있는 한반도에서 뚜렷하게 나타나고 있다. 우리 남·북한 민족은 수 천년 동안 운명을 같이 하여 온 단일민족이었으나 1945년 8월, 제2차 세계대전을 계기로 남과 북으로 갈라져 서로 상반되는 체제의 길을 걷게 되었다. 각자 민주주의의 생활이 꽃피는 지상낙원을 지향하며 출발하게된 것이다.

결과적으로 북은 핵무기를 비롯한 대량살상 무기를 대대적으로 개발하였다. 한편 민주주의적인 행복한 삶을 향유하고 있는 남한 땅에서 친북 반미 경향이 대대적으로 일어나는 현상을 보게 된다. 어떤 권위 있는 기관의 여론조사에 의하면 만일 북한과 미국사이에 전쟁이 발생한 경우 북한에 가담하여 미국을 반대하여 싸우겠다는 사람이 20%를 넘는다고 한다. 이것은 한국의 민주주의 발전에 뜻하지 않은 시련임에는 틀림없는 사실이다.

이는 한국의 민주주의를 마비상태로 이끌어가고 있다는 명백한 증거이기도 하다. 미국은 전후에도 계속 자국의 군대를 남한에 주둔시켜 한반도의 평화를 수호하고 한국의 경제건설과 민주주의 발전에 기여를 하여온 한국의 동맹국이다. 한국은 미국과의 민주주의 동맹에 기초하여 비약적인 국가발전을 이룩하였으며 국제적으로 높은 위상을 달성하게 되었다.

그런데 미국과의 동맹에 가장 충실하던 한국 땅에서 어떻게 하여 친북반미 세력이 득세하게 되었는가? 여기에는 물론 북한의 대남 사상공세와 그 동맹국의 주둔비용 등 갈등과 같은 외적 요인도 작용하고 있지만 **기본원인은 한국 자체 내에서 찾아야 할 것이다.**

한국사회의 가장 심각한 약점은 "한강의 기적"으로 불리는 비약적인 경제발전에 비하여 민주주의적 사상문화와 민주주의적 정치문화가 뒤떨어져 있다는 것이다. 경제는 외자도입과 선진기술의 도입 등 유리한 외적 요인에 의하여 급속히 발전할 수 있었지만, 사상문화와 민주주의 정치발전은 그 나라 국민 자체의 자질 향상을 떠나서는 생각할 수 없다.

한국에서는 자주적인 사상문화 건설과 민주주의 정치건설의 역사가 짧다 보니 민주주의적 문화와 정치의 주인으로서의 국민의 자질을 높이는 것이 경제발전에 비하여 뒤떨어지게 되었다. 이러한 상황에서 소련 사회주의 체제의 붕괴와 냉전의 종식은 한국인들을 승리에 도취되게 만들었다. **대실패의 다음가는 위험은 대성공이라는 격언**이 있다.

이것은 오늘날 미국, 일본을 비롯한 발전된 우방들에도 경제발전에 비하여 민주주의적 사상문화와 정치가 상대적으로 뒤떨어진 탓으로 국민들이 민주주의 이념으로 단결하여 반민주세력에 대처하지 못하고 있는 사정과 관련되어 있다. 그리고 세계는 동구의 소비엩 체제의 붕괴와 더불어 신자유주의의 세계화 시대에서 역사와 생존의 보편가치로서의 민족주의의 시대로 변화하고 있다.

그리하여 한반도에도 남북이 상호 화해협력을 주장하는데서 새로운 출로를 찾으려고 서두르게 되었다. 당국은 남북경협에서 활로를 찾고 있지만, 필자는 평화통일을 위한 정치체제에도 관심을 가져야 한다고 거시적으로 보고 있는 것이다. 남북의 자유방임주의와 집단이기주의를 극복한 통일 민주주의가 나와야 한다는 것이다. 대립물의 통일로 올바른 개념정립이 연구과제로 된다고 하겠다. 민족주의의 정연한 내재적 논리구조와 규범을 가지고 구성원간의 연대의식으로 양 체제 간에 균형 잡힌 민주주의 이념을 모색해보자는 것이다.

Ⅱ. 고차원의 민주주의로 발전시켜야: 소련식 사회주의의 교훈

원래 민주주의는 처음에 개인중심의 민주주의, 즉 개인주의적 민주주의로부터 시작되었다. 인간은 개인적 존재의 면과 집단적 존재의 면의 양면을 가지고 있다. 모든 개인이 각각 특색있는 자기 생명을 지니고 자기의 생존활동을 진행한다는 점에서 인간을 개인적 존재라고 볼 수 있다.

그러나 인간은 고립된 개인으로서는 태어날 수도 없고 대를 이어 생존 발전할 수도 없다. 인간은 사회적으로 결합되어 집단적으로 운명을 같이 해 나감으로써만 자주적으로 창조적으로 살 수 있으며 대를 이어 끝없는 생존과 발전을 실현할 수 있다. 이 점에서 인간은 사회적으로 결합된 집단적 존재라고 볼 수 있다.

인간을 개인적 존재로 보는가, 집단적 존재로 보는가에 따라 개인중심의 개인주의적 민주주의와 집단중심의 집단주의적 민주주의로 갈라지게 된다. 개인중심의 민주주의는 개인의 생존과 발전을 보장하는 것을 인간의 생존활동의 기본목적으로 인정하고 이 목적을 실현하는 데서 집단의 존재와 역할을 필수적 요인으로 간주한다.

이와는 달리 집단중심의 민주주의에서는 집단의 생존과 발전을 보장하는 것을 인간의 생존활동의 기본 목적으로 인정하고 이 목적을 실현하는 데서 개인의 존재와 역할을 필수적 요인으로 간주한다.

개인의 생존문제를 해결하고서야 집단의 생존 문제에 관심을 돌리게 되며 당면한 현재의 삶의 욕망을 실현하고서야 미래의 삶의 욕망 실현에 대하여 생각하게 되는 것이 인간의 삶의 욕망 실현의 일반적인 원칙이다. 그러므로 민주주의가 개인의 생존의 발전을 보장하는 개인중심의 민주주의로부터 출발한 것은 자연스러운 일이라고 볼 수 있다.

그러나 개인중심의 민주주의는 개인의 삶의 요구와 이해관계를 위주로 하고 집단의 삶의 요구와 이해관계를 도외시하는 일면성을 가지고 있다. 자본주의 사회는 개인중심의 민주주의를 일정한 역사 발전 단계에서 구현한 민주주의사회의 한 형태이다. 자본주의 사회는 그것이 개인중심의 민주주의를 구현하고 있는 것으로 하여 인류 역사 발전에 위대한 기여를 하였다.

그러나 자본주의적 민주주의에 의하여 달성된 경이적인 사회 발전의 성과는 오늘날 인류 앞에 개인중심의 민주주의의 일면성을 극복하고 **민주주의를 개인과 집단의 이익을 다 같이 조화롭게 실현할 수 있는 보다 고차원의 민주주의로 발전시켜야 할 역사적 과업을 제기하고** 있다.

이와 관련하여 소련식 사회주의의 실패와 마르크스주의자들이 범한 과오는 민주주의 발전의 올바른 길을 찾는데 귀중한 역사적 교훈이 된다. 만일 마르크스주의를 지도적 지침으로 하는 소련식 사회주의의 실패의 역사적 교훈이 없었더라면 아마 우리는 오랫동안 사회주의와 자본주의의 대립의 본질이 무엇이며 민주주의가 개인중심의 민주주의와 집단중심의 민주주의의 양면을 가질 수 있다는 진리를 깨닫지 못하였을 것이다.

마르크스주의자들은 자본주의적 민주주의 제도가 구현하고 있는 개인중심의 민주주의의 일면성의 결함을 과대평가하는 나머지, 자본주의적 민주주의의 위대한 역사적 업적을 무시하고 그것을 계급사회의 연장으로 규정하였으며 폭력적으로 타도할 것을 주장하였다. 그들은 자본주의 사회는 반드시 온갖 계급적 불평등이 제거되어 다같이 잘 살 수 있는 사회주의사회로 교체되어야 한다고 주장하였다.

그러나 **마르크스주의자들**은 인간이 개인적 존재로서의 특성과 집단적 존재로서의 특성의 두 면을 가지고 있다는 인간 존재의 기본 특정에 응당한 주목을 돌리지 못하였으며, 다 같이 살 것을 요구하는 **집단주의** 역시 개인주의와 마찬가지로 인간의 본성적 요구의 양면을 포괄하지 못한 일면성을 가지고 있다는 사실을 알지 못하였다.

그들은 자기들이 주장하는 사회주의가 바로 계급주의와 결부된 집단주의적 민주주의의 한 형태라는 것을 깨닫지 못하고 있었다. 그들은 개인중심의 민주주의와 집단중심의 민주주의의 일면성을 어떻게 극복하고 민주주의를 보다 높은 단계로 발전시킬 것인가에 대하여는 생각을 못하고 개인중심의 민주주의를 계급적으로 적대시하고 집단중심의 민주주의적 요구를 계급독재의 강제적 방법으로 실현하려는 엄중한 과오를 범하였던 것이다.

그러나 소련식 사회주의와의 대결에서 자본주의적 민주주의의 체제의 승리를 집단주의에 대한 개인주의의 종국적 승리로 생각하는 것은 잘못이다. 인간의 개인적 존재의 측면과 결부된 개인주의 사상과 인간의 집단적 존재의 측면과 결부된 집단주의 사상은 결코 없어질 수 없으며 **양자는 대립물의 통일로서 영원히 남아 있게 된다.**

소련식 사회주의 체제와의 경쟁에서 승리하였다 하여 자본주의적 민주주의를 절대화하고 그 일면성을 극복하기 위한 노력을 포기한다는 것은 집단주의적 독재를 부활시키고 민주주의의 새로운 위기를 불러오는 엄중한 과오를 범하는 것이 될 것이다.

개인중심의 민주주의(자본주의적 민주주의)를 보다 더 고차원의 민주주의로 발전시키는 방법은 무엇인가? 그것은 개인중심의 민주주의를 집단중심의 민주주의로 교체하는 것이 아니며 어느 한편에 다른 한편을 완전히 흡수하여 포섭하는 방법도 아니다. 그것은 개인중심의 민주주의를 계속 발전시키면서 조건이 성숙됨에 따라 집단중심의 민주주의의 요구도 실현해나가는 것이다.

개인의 이익과 사회적 집단의 이익이 일시적으로, 부분적으로는 대립되어도 근본적으로는 일치되는 것처럼 개인중심의 민주주의와 집단중심의 민주주의는 근본적으로는 일치된다. 그것은 양자가 다 같이 특권없는 일반 국민들이 국가와 사회의 공동의 주인의 지위를 차지하고 주인으로서의 책임과 역할을 다해야 한다는 **주권재민의 원리**를 기본이념으로 삼고 있기 때문이다.

주권재민의 이념에 맞게 개인중심의 민주주의를 개선해 나가는 것만으로도 개인중심의 민주주의의 일면성을 극복하고 민주주의를 보다 높은 단계로 발전시키는 문제해결에서 전진을 이룩할 수 있다.

III. 민주주의적 권리와 의무의 통일: 평등은 사회적 정의의 원칙

민주주의적 권리와 의무의 통일은 일찍이 프랑스혁명의 이론지도자인 아베 시에예스 『제3신분이란 무엇인가?』에서 제3계급(신분)인 평민은 사회관리의 노동력은 그들이 모두 제공하면서 사회를 관리할 권리는 제1신분인 승려와 제2신분인 귀족이 독점하는 것을 두고 사회관리의 권리와 의무의 통일을 주장하였다. 150년 전의 3부회의가 프랑스혁명이 일어나면서 처음으로 열려 국민의회가 되었다. 여기서 우선 민주주의적 권리와 민주주의적 의무를 **일치**시키는 것이 중요한 과업으로 제기된다.

민주주의는 노력없이 저절로 얻어진 것이 아니라 민주주의적 생존방식을 수립하기 위한 장기간에 걸친 인간의 간고한 투쟁의 결실이다. 따라서 민주주의적 권리를 향유하려면 마땅히 이에 상응한 의무를 부담하여야 한다.

권리와 의무는 땔 수 없는 **대립물의 통일**이다. 의무가 동반되지 않는 권리는 참다운 권리가 아니다. 어떤 사람은 권리만 향유하고 어떤 사람은 의무만 지니게 되는 것은 민주주의적 평등의 원칙에 근본적으로 배치되는 이기주의적 특권 현상이라고 볼 수 있다.

민주주의적 평등의 원칙은 **민주주의 원칙의 핵심**이라고 볼 수 있으며 그것은 곧 사회적 정의의 원칙인 것이다. **사회적 정의의 원칙**은 사회공동의 이익을 유일한 기준으로 하여 모든 사물의 가치를 공정하게 평가해주고 온갖 형태의 이기주의를 부정하는 원칙이다. 민주주의적 평등의 원칙, 사회적 정의의 원칙에 의거하여 민주주의적 권리와 민주주의적 의무를 일치시키며 사회공동의 이익에 기여하는 것만큼 평가해주는 사회적 질서, 법적 질서를 확고하게 세우면 자본주의적 민주주의의 일면성을 극복하는데서 큰 성과를 거둘 수 있다.

민주주의적 권리와 의무를 일치시키는 문제는 개인과 개인 관계에서도 필요하지만 개인과 사회적 집단 간의 관계에서 더욱 중요한 의의를 갖는다.

개인은 고립적으로는 살 수 없고 사회적 집단의 보호와 협조 밑에서만 사회의 주인으로서 자주적인 삶을 누릴 수 있다. 그러므로 개인은 국가와 사회의 공동의 주인으로서 마땅히 사회의 공동의 이익을 옹호하고 그것을 실현하기 위하여 사회적으로 적극 협조해 나갈 의무가 있는 것이다. 모든 개인들이 이러한 의무를 충실히 지키게 되면 사회공동의 이익을 경시하는 개인중심의 민주주의의 일면성을 극복하는데 큰 도움이 될 수 있다.

오늘날 일부 사람들은 자유를 타고난 팔자처럼 여기면서 자유롭게 살 권리만 요구하고 사회적 의무를 거부하는 자유방임주의로 나가고 있다. 이 같은 현상은 극단적 이기주의의 표현이라고 볼 수 있다.

자유방임주의는 사회정의의 원칙과 근본적으로 배치되는 이기주의의 표현이므로 용납될 수 없다. 또한 **집단이기주의**도 사회공동의 이익과 배치되는 비민주주의 현상이다. 예를 들어 원전 폐기물처리 처리장을 두고 지방본위주의적 이해관계를 고집하는 집단적 거부운동 같은 것은 다 사회적 정의의 원칙, 민주주의적 평등의 원칙에 배치되는 집단이기주의 현상으로서 허용될 수 없다.

민주주의적 평등의 원칙과 사회적 정의의 원칙은 집단중심의 민주주의에서도 생산력이 고도로 발전될 때까지는 불가피하다는 조건부로 인정하고 있다. 따라서 개인중심의 민주주의에서도 그 일면성을 극복하기 위해서 특별히 집단중심의 민주주의에만 고유한 원리를 도입할 필요가 없다.

오히려 **주권재민과 인권옹호의 민주주의의 기본이념**에 기초하여 민주주의적 평등의 원칙과 사회적 정의의 원칙을 철저히 실생활에 구현해 나가도록 하는 것이 필요하다. 또한 민주주의적 평등의 원칙, 사회적 정의의 원칙에 따라 개인들의 역할을 공정하게 평가해 줌으로써만 개인들을 사회적 협조의 방향으로 이끌 수 있다. 이러한 견지에서 사회적 운동을 힘있게 추동하는데 있어서는 **사랑의 원칙**보다 개인의 창조적 적극성을 발휘하도록 **정의의 원칙**을 관철시키는 것이 더 중요하다고 볼 수 있다.

Ⅳ. 민주주의의 완성: 정의의 원리와 사랑의 원리 구현으로

사랑의 원리가 인간의 집단적 존재성과 결부되어 있고 정의의 원리가 인간의 개인적 존재성과 결부되어 있는 만큼 **민주주의가 완성되려면** 두 원리를 다 같이 구현하지 않으면 안 된다.

양자를 어떠한 방법으로 결합시킬 것인가 하는 문제는 해당시기와 해당사회의 구체적 실정에 맞게 해결해야 할 것이다.

인간에게 있어서 개인적 존재로서의 생존발전과 집단적 존재로서의 생존발전은 다 같이 중요하다. 그러나 인간의 사회발전을 위하여서는 개인들의 창조적 역할을 높이는 것을 앞세우는 것이 필요하다는 점을 고려해야 할 것이다.

개인은 자기의 생존과 발전을 위하여 **창조적 역할을** 할뿐 아니라 집단의 생존과 발전을 위하여서도 **협조하고 협력한다.** 사회적 운동의 주체는 사회적 집단이라고 볼 수 있지만 사회적 집단을 구성하고 있는 개인을 발동시키지 않고서는 사회적 집단의 협력이 실현될 수 없다. 민주주의적 평등의 원칙, 정의의 원칙에 따라 개인들의 역할을 공정하게 평가해 줌으로써만 개인들을 사회적으로 협조에로 발동시킬 수 있다.

정의의 원리와 사랑의 원리는 밀접히 연결되어 상호제약하고 의존하고 있지만, 인간의 창조적 역할을 높이기 위해서는 정의의 원리를 앞세워야 하며 정의의 원리의 관철에 기초하여 사랑의 원리가 실현되도록 하여야 한다.

사랑의 원리를 정의의 원리보다 앞세우는 것은 소비를 생산보다 앞세우는 것과 같은 부정적인 결과를 초래할 수 있을 것이다. **소련식 사회주의 체제 붕괴의 중요한 역사적 교훈은** 민주주의적 평등의 원칙, 사회적 정의의 원칙을 앞세우지 않고 다 같이 잘 살아야 한다는 **집단주의적 평균주의**를 실현하려고 하면 다 같이 못 살게 된다는 것을 확실하게 보여준 것이다.

그러므로 집단중심의 민주주의에 고유한 평균주의와 사랑의 원리는 민주주의적 평등의 원리와 정의의 원리를 구현하는 사업을 앞세우는 조건에서 사회적 집단의 공동의 요구를 실현할 수 있는 가능성이 성숙함에 따라 그 수준에 맞게 실현해 나가도록 하여야 할 것이다.

한국이 기적적인 발전을 이룩한 비결이 민주주의에 충실히 의거한데 있다는 것은 의심할 바 없다. 오늘 한국의 민주주의는 새로운 발전단계에 들어서고 있으나 뜻하지 않은 시련을 겪고 있다. 친북반미 경향이 장성하고 있는 것은 북한의 사상적 남침이 성과를 거두고 있다는 실증으로 되며 그것은 한국의 민주주의를 마비 상태로 이끌어가고 있다. 그러나 한국 국민들은 한국의 민주주의를 침습하고 있는 병마가 한국의 운명에 얼마나 큰 위험이 되는가에 대하여 올바른 진단을 내리지 못하고 있다. **더구나 한국의 민주주의의 병을 스스로 고쳐나가야 할 정당들 자체가 심각한 병마에 오염되어 있다.**

오늘날 자본주의 나라 정당들은 민주주의의 이념과 사상으로 굳게 무장되어 민주주의 이념을 더욱 더 구현하기 위하여 경쟁하는 **민주주의 이념당**으로 되지 못하고 여론에 영합하여 득표에만 몰두하는 정치적 파벌 집단으로 변질되고 있다. 이런 결과로 민주주의 이념에 기초한 민주주의 나라들의 국제주의적 연대성도 약화되고 있다.

소련을 선두로 하는 국제 공산독재 체제와의 냉전시기에는 미국이 주도하는 민주주의 진영의 사상적 입장도 견결하고 국제주의적 연대성도 강하였다. 그 결과 어려운 시련을 이겨내고 민주주의의 위대한 역사적 승리를 쟁취할 수 있었다.

그러나 냉전논리의 승리에 자만 도취한 민주주의 진영은 막강한 군사력을 가진 북한과 그의 거대한 동맹자의 압력 밑에서 사태를 비관만 하는 것은 병을 고치는데 도움이 되는 것이 아니라 신심을 약화시키는 부정적 요인이 될 수밖에 없다. **사상적 병에는 사상적으로 깨닫게 하는 것이 첫째가**

는 명약이 된다. 잘못 생각하는 정신적 병은 병의 원인을 깨닫는 것만으로도 절반은 고쳤다고 볼 수 있기 때문이다.

따라서 오늘날 민주주의의 귀중성을 진심으로 생각하고 고수하려는 한국의 참다운 지식인들과 정치인들은 마땅히 한국 국민들에게 민족통일과 세계의 민주화를 위해서 **민주주의의 발전의 올바른 길**을 밝혀주고 그들 속에서 **민주주의에 기초한 애국적이며 국제주의적인 양심을 불러일으키기 위하여 전력을 다하여야 한다.** 그러기 위해서는 겸허하게 **민주주의를 다시 연구, 학습하는 운동에 앞장서야 할 것이다.**

우리가 인간중심철학에 근거하여 민주주의 이념연구회를 결성하고 민주주의에 대한 개념을 재정립하며 참다운 민주주의의 발전을 위한 연구에 힘과 지혜를 합쳐 나갈 것을 호소하는 이유가 여기에 있다.[19]

인간중심정치철학은 인간의 민주주의적 생존과 발전과정에 대한 철학적 해명에 기초하여 민주주의적 세계관과 인생관, 민주주의 정치이론과 정치방법을 포괄하는 정치철학 학설임을 천명하고 있다.[20]

---

19) 본고는 황장엽선생의 '민주주의 이념연구회 발족'에 즈음하여(2006. 4. 19) 글을 참고한 것이다.

20) 황장엽, 『인간중심철학원론』 (시대정신: 2009. 11. 10) pp. 543.

제13장
글로벌 시대의 미·중관계: 대립물의 통일로 발전을

Ⅰ. 서언: 인류발전의 기본방향에 대해

토론과 연구의 여지가 많은 주제로 그러나 정확하다고 여겨지는 문제를 중심으로 요약하여 특별히 강조해보고한다. 이런 의미에서 균형이 맞지 않을 수 있다.

그러면 여기서 중요한 문제가 무엇인가? 이 문제를 생각하는데 있어서 우리가 냉전의 경험을 오늘에 되새겨볼 필요가 있다. 냉전에서 민주주의 진영이 사회주의 진영을 이긴 것은 역사발전에서 큰 변화이다.

여기서 우리가 원칙적인 중요한 경험을 찾아야 한다. 봉건사회 때가지만 해도 기본 국가간의 관계를 해결하는 방법은 무력이었다. 자본주의적 민주주의로 넘어오면서부터 경제력이 기본으로 되었지만, 제국주의 단계에서의 과거의 전통과 잔재가 남아있기 때문에 역시 무력이 경제에 편승해서 경제적 이권을 옹호하기 위한 전쟁이 계속되었다.

그러다보니 1차 2차 세계대전이 다 무력전쟁이었는데, 미·소간의 3차 대전이라고 할 수 있는 냉전은 무력을 안썼다. 무력을 안 쓰고서 평화적인 경쟁의 방법으로서 미국이 이겼다. 이것은 인류역사상 대단히 큰 변화이다.

여기서 우리는 개인주의 민주주의가 먼저 발전한 것을 알 수 있다.

Ⅱ. 집단주의와 사회주의의 비교: 개인주의의 수용여부

1. 인간은 개인적 존재이며 집단적 존재

미국이 승리하게 된 것을 두고 그 이념적 배경을 살펴볼 필요가 있다.

첫째로 찾아보아야 할 것이 무엇이냐 하면 자본주의는 개인주의로 개인주의와 집단주의간의 대결에서 이긴 것은 자본주의적 민주주의, 즉 개인주의적 민주주의가 집단주의적인 측면을 많이 도입했다는 것이다.

인간이 개인적인 존재인 동시에 집단적인 존재이기 때문에 절대적인 개인주의적인 민주주의도 없고 절대적인 집단주의적 민주주의도 있을 수 없다. 개인적 민주주의와 집단적 민주주의를 대립해보게 되면 개인주의적 민주주의 편을 역사발전의 단계로 볼 때 먼저 발전시키는 것이 유리하다.

그러나 결국은 개인주의의 장점과 집단주의의 장점을 결합시키는 것, 이것이 **인류발전의 기본방향**이 되어야 한다. 그러면 개인주의의 유리한 점이 무엇인가? 개인들 사이의 대립·분쟁이 일어났다 하면 사회집단에 누구 충실했는가 하는 것을 기준으로 쉽게 판단할 수있기 때문이다. 사회공동의 이익에 누가 더 맞게 행동하였는가 하는 식으로 해서 재판을 할 수밖에 없기 때문이다. 그러니까 사회공동의 이익을 기초로 해서 긍정과 부정을 가르는 것이 어렵지 않다. 말하자면 사회공동의 이익을 주장하는 집단주의의 장점을 적용하는 것이 힘들지 않다.

그런데 집단주의는 집단의 이익이라고 하는 것이 개인의 이익보다도 더 중요하다는 것을 자꾸 내세운다. 개인주의에서는 개인의 자유와 평등이 중요하다는 것이 출발점인데, 그러나 집단주의는 집단주의의 이익이 개인주의보다 더 중요하다는 것이 출발점이다. 그런데 여기서는 개인들은 뿔뿔이 흩어져 있기 때문에 여론을 수렴하기가 아주 힘들다. 개인들이 다 단결되면 힘이 결집되는데 결국은 집단의 이익이 개인의 이익보다 대항하기가 아주 힘들다.

그래서 집단주의가 독재로 넘어가는 것이 쉽게 되었다. 그런데 **사회주의라고 하는 것**은 즉 순수한 집단주의가 아니고 계급주의적 집단주의이다. 집단주의라고 하면서도 개인주의를 철저히 반대하는 더 폐쇄된 집단주의다.

개인주의와 집단주의가 완전히 떨어져서는 안 되는데, 개인주의와 집단주의의 장점을 어느 사회제도가 더 많이 결합시켰는가 하는데 따라서 오늘날의 정치체제가 결정되는데, 비록 자본주의적 민주주의가 일면성을 가지고 있지만 그래도 처음부터 법치제도를 하고 어느 편이 사회의 이익에 맞게 행동하는가 하는 것을 정의의 원칙에 기초하여 보았다. 법치라는 것이 정의의 원칙이다.

그러나 사회주의적인 집단주의는 개인주의를 처음부터 반대했다. 개인주의를 없이 하자는 것이다. 개인주의의 좋은 점을 살려야 되겠다는 의견이 아니라 개인주의는 나쁜 것이다, 이기주의다 하면서 배척하였다. 소련에서 보게 되면 처음에는 농민시장을 인정한다, 개인 텃밭도 인정한다. 그러나 그 후로는 협동적 소유, 국가적 소유로 다 만들고 시장도 없이 하고 점차 상품, 화폐, 상인도 없앴다.

그러므로 사회주의 나라들에서 상업이 발전할 수 없고 상인을 중간 착취계급으로 보았다. 상업에서는 가치가 창조되지 않는다. 상업하는 사람들이 큰 이익을 보는 것은 중간 착취때문이다. 그래서 상업이 발전하지 못했다. 상업을 발전시키지 않겠다는 것이 방침이다. 이렇게 사회주의 진영은 개인주의를 없이하고 부정하는 것이 자기의 힘을 강화하는 비결로 생각했다. 그러나 자본주의 측에서는 현실적으로 자기네 이익을 옹호하기 위해서는 개인주의적인 경쟁을 제한하는 것이 필요하다는 방향으로 나아갔다. 그렇기 때문에 1차 대전, 2차 대전에서 대결의 기본 원인으로 되었던 열강들 사이의 경쟁을 제한했다. 열강들끼리 서로 무력충돌을 단호하게 없이 하고 동맹을 강화해서 협조를 강화하였다. 이것은 큰 변화이며 큰 양보이다. 개인주의의 이익을 집단주의의 이익에 맞게 결합시킨 것이다.

2. 노사관계와 제국주의의 식민지정책

노사간의 관계는 어떤가? 자본가가 노동자를 착취한다고 하였는데 노사간의 관계에서 사회주의에서는 자본가들이 노동자를 착취하는 적대적 관계로 보고 있다. 그러니까 자본가, 기업가들을 인정하지 않았다. 정세가 어려우면 어려울수록 더 계급적인 단결, 통일 이것을 강조한다.

자본주의 사회에서는 그렇지 않다. 집단주의와 싸우기 위해서는 노사간의 관계를 완화시켜야 했다. 그래서 국내적으로 볼 때는 노동자에 대해서도 구제대책을 세우고 노동운동이 폭력적인 운동으로 되지 않게 대책을 세우고 많이 양보를 했다. 노·사 간의 갈등을 상당히 완화시켰다.

식민지와 종주국 사이의 문제에서 그 전에는 경쟁에서 이긴 것이 종주국이고 진 것이 식민지이기 때문에 착취를 하는 것으로 생각했다. 그것이 자본주의 국가의 도덕으로 되어 있었다. 영국의 유명한 말에 "성경책을 읽으며 자꾸 짜내면 짜낼수록 황금이 떨어진다". 정신적으로 마비시키고 계속하여 폭력적으로 억압해서 착취할수록 이익이 된다는 말이다.

바이블을 읽어주며 지금 현재 우리가 고통스러운 것은 최후의 심판 때는 다 처벌받는다며 안심시키는 것이다. 종교가 아편이라는 말처럼 정신적으로 마비시키고서 자꾸 재화를 착취한다.

그런데 냉전시기에는 식민지에 다 자유를 주었다. 인민을 착취하는 것을 그만 두었다. 제국주의가 종말을 고하게 된 것이다. 자본주의 열강들 사이에 결사적인 투쟁을 없애고 협조를 하게되며 노사간에는 노동자의 지위를 높여주고 갈등을 완화시키고 그리고 식민지를 없게 한 것이다. 자본주의적 민주주의가 스스로 체질을 고침으로서 획기적으로 이익을 가져오게 하였다.

3. 사회발전의 기본요구: 양 체제의 장점을 발전시켜야

냉전의 패배를 두고 **첫째로 공산주의의 기본요구는 시장경제를 적용하여야 한다는 것이다.**

그런데 소련은 인민정권에다 전기화만 되면 공산주의사회로 간다고 했고, 북한에서는 인민정권에 3대혁명만 이루어지면 공산화된다고 했다. 다시 말하면 레닌은 착취가 없는 공산주의의 인민정권을 세우고 생산력을 고도로 발전시키기위해 전기화하면 이는 기계화로, 즉 기계화로 자동화가 되면 공산주의사회로 넘어가게 된다는 것이다. **북의 3대 혁명은** 사상혁명, 문화혁명, 기술혁명인데 이 3가지를 하게 되면 공산주의로 넘어가게 된다는 것도 같은 말이다.

그런데 이상과는 반대로 사회주의 진영은 계속 상태가 어려우면 어려울수록 더 독재를 강화하였다. 예를들어 일본의 권위주의 군국주의는 태평양전쟁 때는 일본에서 휘발유 쓰는 것을 상당히 제한했다. 아마 선박에 쓰는 것도 30%밖에 안 주고 그런 식으로 하니까 그들에겐 어려우면 어려울수록 계급적인 자기의 군권을 강화하게 되는데, 소련에서도 그러하였다. 어려우면 어려울수록 독재를 더 강화했다.

물자가 부족하게 되면 완전히 시장경제가 아니더라도 자유를 주면 좋겠는데 그것을 안했다. 북한의 경험으로 봐도 논두렁은 경지면적이 아니므로 마음대로 농사지어도 괜찮다고 하니까 농민들이 콩을 심었는데 콩이 사람의 키를 넘게 잘 되었다. 마음대로 지어 먹으라고 하니까 개인의 텃밭과 같이 되어 어떤 농민들 가운데서는 일년 내내 비지를 해먹을 수 있게 되었다. 이런 상황은 부자생활로 된다. 그러므로 이것이 자본주의라 하여 없앴다. 중앙당 농업비서는 논두렁에서 콩도 잘 해먹었는데 이것도 자본주의라고 없앴다며 푸념했다고 한다.

그 다음에 또 얼마 있다가 사회보장으로 놀고 먹는 사람이 많게 되자 그 사람들이 강에 나가서 물고기를 잡고, 해변가에 나가서 조개를 주워서 팔고 하는 것을 허용하였다. 그러니까 평양시내에서 없는 것이 없게 되었다. 서민대중들이 좋아 하는 것은 더 말할 것이 없다. 그런데 중앙당 비서의 귀에 모두 생활이 달라졌다며 좋아한다는 이런 소문이 자꾸 들어올 정도가 되니 이것도 자본주의라며 추궁을 받았다고 한다.

그런데 지금이라도 북이 그렇게 하면 생산력이 향상될 것이다. 오히려 당의 덕택이라 하여 사람들이 존경심을 갖게 된다. 그러나 이렇게 하게 되면 체제가 위험하다고 생각한다. 집단주의의 약점이다. 만일 소련이 당시 시장경제의 자유를 상인들과 수공업자들 또 농민들에게 텃밭도 더 주고 했더라면 중국처럼 상당히 달라졌을 것이다. 그러나 갈수록 오히려 졸라맸다. 이것이 결국은 민주주의 진영과 사회주의 진영의 격차를 더욱 확대하였다.

4. 두 번째 냉전승리의 특징: 무력을 못쓰게 통제하고

거기에다가 미국이 무력을 못쓰게 통제했다. 그러므로 이것이 **두 번째 냉전승리의 특징**이다. 자본주의적 민주주의, 즉 개인주의적 민주주의는 자기의 약점을 보충·극복하기 위해서 집단주의적인 측면인 협조하는 것을 늘렸다. 경쟁을 약화시키고 협조를 증대시킨 것이다. 그래서 사회주의 진영도 단결을 강화하면서 개인의 창의성을 발양시키는 것을 더 없이 추구해야 했다. 개인주의적인 장점과 집단주의의 장점을 결합시키는 것이 사회발전의 기본요구인데 사회주의진영은 오히려 이를 약화시키고 억압하였다.

사회주의 진영은 계급적인 단결을 장점으로 생각하는 것이고, 폭력이 장점이라고 생각했다. 노동계급이라고 하는 것이 경쟁에서 다 잃어버렸기 때문에 무조건 단결해야 된다는 것하고, 아무 것도 가진 것이 없기 때문에 몸을 아끼지 말고 몸투쟁을 통해 폭력적으로 싸워야 한다는 것이다. 이것이 자기의 밑천이다. 무산대중은 자본가처럼 재산이 없기 때문에 몸을 아끼지 말고 몸을 가지고 싸워야 한다. 이것이 폭력주의이다. 폭력주의의 출발이다. 이들의 기본구호가 **계급적인 무조건 단결과 폭력투쟁**이다. 그러나 개인주의 민주국가의 동맹으로 이 무력은 무기력하게 되었다.

미국과 소련을 기본 중요한 제품들을 대체로 강철, 석탄, 전력 등을 중심으로 비교해보면 소련은 미국생산력의 1/4밖에 안 된다. 무력에서는 대등하게 되었다. 그러니까 다른 것을 희생시키고서 무력강화에 집중시켰다. 그런데 이것이 냉전에서 무용지물이 되었다. 쏘련이 무력에서는 절대로 양보 안한다며 무력으로 자랑하니까 미국은 무력을 못쓰게 만들었다.

냉전에서는 소련의 무력을 무용지물로 만들었다. 그러므로 평화산업을 희생으로 해서 무력을 발전시켰던 것이 무용지물로 되다보니 무력은 1:1이지만 평화산업의 1/4가지고서 미국과 경쟁을 하다보니 불리하게 되었다.

제3세계, 즉 식민지로 있던 나라들이 소련이 지금까지는 해방투쟁을 지지한다 하여 인기가 있었는데 미국처럼 원조도 못주게 되니 밀려나기 시작했다. 또 카리브해협의 위기에서 후루시초프가 굴복한 때부터는 무력은 우세하다고 믿었는데 우세하지 않다는 것이 명백하게 되면서 국내에서도 공산당에 대한 신임이 아주 떨어졌다.

그래서 후루시초프를 반역자라 하면서 3기에 들어간 암환자를 골라서, 이들은 생명이 아깝지 않으니까 이놈을 처단하여야 한다며 암살단이 결성되기도 하였다.

여기서 우리는 두 가지 교훈을 찾아야 한다. 미국의 냉전정책이 새로운 기대를 열어놓았는데, 즉 싸우지 않고 이기는 대단히 훌륭한 역사적인 모범을 창조한 전략에서 교훈을 얻어야 한다.

그리하여 냉전시대에 미국을 중심으로 해서 동맹을 해서 적들의 폭력을 억제한 것처럼 지금 도 세계의 민주주의 국가 간에 동맹을 결성하여 폭력을 억제하게 되면 몇 배나 쉽게 폭력을 제한할 수 있다. **그러므로 폭력을 쓰지 않고 세계를 민주화할 수 있는 새 시대가 열리게 된 것이다.**

Ⅲ. 항구적 평화질서와 정의의 질서를 세워야

1. 민주주의 동맹으로 싸우지 않고 이기는 냉전의 교훈

그럼 우리가 세계를 민주화한다는 것은 무엇을 말하는가? 이는 민주주의를 한 국가내에서만 제한하지 말고 전 세계를 민주주의적인 원칙에서 통일시켜서 민주주의적인 생활단위를 전세계적으로 확대하자는 것이다. 그것이 지난날에서와 같이 강한 나라가 약한 나라를 지배하는 방법이 아니고 민주주의적인 원칙에서 대등한 독자성을 인정하면서 통일하여 나가자는 것이다.

이것을 어떤 방법으로 하겠는가? 또 무엇부터 시작하겠는가? 이것이 중요하다. 제일 먼저 시작해야 할 것은 폭력을 없이 하자는 것이다. **폭력을 없애서 항구적인 세계평화를 보장**하는 것이다. 폭력을 억제하는 힘이 우리한테 있기 때문에 가능하다.

그래서 폭력을 억제하게 되면 세계적인 범위에서 정의의 원칙에 기초한 법적 질서를 세울 수 있다. 한 나라에서도 독립적인 나라가 수립되기 위해서는 우선 폭력부터 없이 해야 된다. 지금 현재 상태에서 아무리 낙후한 나라도 폭력을 마음대로 쓰는 나라는 하나도 없다.

폭력이라는 것이 동물세계의 잔재이다. 그러므로 우리가 세계를 민주화하기 위해서는 첫째로도 둘째로도 폭력을 없애는 것이다. **폭력을 못쓰게 하는 것, 이것을 해결해야 한다. 해결할 수 있는가? 어떤 방법으로? 동맹을 강화해나가는 방법을 냉전이 우리에게 알려 준 것이다.** UN으로는 안 된다. UN은 실력이 없다. UN은 자본주의 민주주의 가운데 제일 하급의 민주주의인데, 모든 민족이 한표로 다 같다고 하면 일이 되겠는가? 실력이 있는 민주주의 나라들이 동맹을 강화해서 철저하게 민주화하는 방향에서 민주주의 나라들이 다 독재국가를 고립시키고, 저항하면 철저하게 폭력적으로 진압한다.

폭력을 없이 하여 항구적인 세계평화질서를 세우고 정의의 원칙에서 모든 문제들을 풀어나갈 수 있는 기초를 닦지 않고서 어떻게 세계의 민주화가 되겠는가? 세계가 민주화되어 하나로 통일이 될 때면 국경을 없애야 되겠는데 지금은 국경을 무시할 수 없다. 토지개혁을 할 때 지주들이 얼마나 반항을 했는가? 러시아 같은 나라들도 지금은 토지를 생명권으로 내놓으려고 하지 않는다. 그렇기 때문에 세계의 면적의 70%이상을 차지하고 있는 바다를 개발할 수있게 되어야한다. 바다는 누구의 소유도 아닌데 바다의 자원이 육지의 자원보다 대비도 안 될 정도로 많다. 남극대륙도 임자가 없고, 북극도 대체로 임자는 있지만 못쓰고 있다. **협력한다는 것이 유리할 때에는 국경을 없이 할 수 있다**. 정의의 원칙에서 협조할 수 있는 가능성을 열어놓은 것은 폭력 없이 하는 것이다.

2. 집단주의 중국과 개인주의 미국이 협력해야

그런데 왜 이것을 먼저 하지 않고 핵무기 전파방지만 한다고 하는가? 그것도 또 냉전이 끝난 다음에는 영구히 자유민주주의가 승리했다고 하는 자만심 때문에 동맹관계도 완화되어서 이틈에 테러집단이 민주주의 진영을 위협하고 있다.

그러므로 첫째 해결해야 할 문제는 폭력을 없이 하는 문제다. 이것부터 시작해야 한다. 다른 핵무기요, 대량살상무기도 논의할 필요도 없고 여기에 다 모든 역량을 집중해야 되겠는데 그것이 안 되고 있다. 세계 민주화를 하는 데서 첫째로 해야 할 것은 이 문제이다. 그 방법은 미국을 중심으로 하는 동맹을 강화해나가는 방향으로 강화하고, 동맹을 확대해나가는 방향으로 나가야 한다.

거기에다 현재 상태에서는 중국을 끌어들이는 것이 중요하다. 중국이 왜 중요한가 하면 지금 전 세계를 민주화하는데서 크게 나누게 되면 동·서 문제에서 남·북문제이다. 남쪽 사람들은 경쟁력이 약하고 뒤떨어진 사람들이다. 발전된 나라들은 경쟁력이 강하고 경쟁력이 강하기 때문에 자기들끼리 잘 살자는 개인주의적인 민주주의가 발전했다.

그러나 경쟁력이 약한 남쪽 나라들은 잘못 살고, 그러니까 잘 사는 나라에 대해 질투심이 있고, 이들은 그래서 대체로 집단주의를 요구하는데, 집단주의를 요구하다보니 독재가 계속 실시되고 있다.

세계를 크게 나누게 되면 잘 못사는 나라들의 집단과 경쟁력이 강한 국가들과 대립되어 있다. 거기서 집단주의를 주장하다가 자본주의로 넘어가면서 집단주의적 요소도 가지고 있고 그런 나라가 **중국**이다. 그렇기 때문에 뒤떨어진 나라들은 역시 중국을 우러러 보고 있다. 잘 사는 나라들은 **미국**을 모범으로 보고 있다.

그러므로 상당한 수준에 도달한 중국을 민주주의진영에 끌어들여 같이 협조하면, 크게 말해 집단주의 국가하고 개인주의적인 선진국가와 관계를 통일시키는데 유리하다. 세계의 전쟁을 두고 만일에 **중국**이 미국편을 든다고 하면 간단히 해결된다.

미국은 동맹국가와 같이 하지 않는 것이 결함이었다. 자기네들 독자적으로 하면서 **동맹국가들에게 파병을 해달라고만 했지 동맹자로 같이 참가하게끔 해야 한다.**

먼저 **이 문제에서 미국의 입장이 철저하지 못하다.** 세계민주화를 중시하고 미국을 중심으로 하는 동맹을 냉전시대보다 강화·확대해가야 하겠는데 여기에 관심을 돌리지 않는다. 자기네가 최대 강국으로서의 권위를 이용하는 것만 생각한다. 트럼프이후 더욱 심하다. 미국본위주의로 나가서는 안된다.

다시 반복하지만은 세계의 민주화를 위해서는 동맹을 강화하는 방법으로 가야 한다. 선차적으로 해야 할 문제가 세계의 공고한 평화이고 평화질서, 정의의 법질서를 세우는 것이다. UN은 협의기관이지 아무런 힘이 없다.

IV. 경제협력으로 세계의 시장 확대를

1. 케인즈의 사회주의는 시장을 해결 못하고

두 번째는 뭘 해야 되겠는가? 자연발생적으로 세계에 시장이 마련되어 있는데 이것이 경쟁본위주의이다. 이것으로는 민주적인 세계질서를 세울 수 없다. 2차 대전직후 유럽의 덴마크를 비롯해서 노르웨이까지 둘러보면 고래잡이에 포획량이 정해져 있듯이 생산을 제한하는 운동이 한창이었다. 한편 아프리카에는 자본도 기계도 생산수단이 없어서 생산도 못하고 굶어죽었다. 선진국이 더 많이 생산해서 무료로 주라고는 아니한다. 이렇게 해가지고서 민주주의적으로 세계를 통일시킬 수가 있겠는가? **따라서 경쟁본위주의를 극복하여 세계의 민주화와 함께 가야한다.**

그러므로 역시 경제력이 있는 나라들이 민주화하기 위한 동맹을 해서 분담을 하여 잘 못사는 나라들을 어떻게 하면 도와주겠는가 하는 문제를 해결해야 한다.

케인즈가 국내에서 빈부차이의 격차를 줄이고 경쟁을 제한하는 문제를 제기했다. 그러나 시장을 확대하는 것에 대한 문제를 해결하지 못했다. 그러니까 잘 못사는 사람들을 도와주고 누진세에 따라서 수입이 많은 사람에게서는 많이 받고, 상속세를 자꾸 높이고, 국가의 채무가 자꾸 늘어났다. 그러므로 케인즈의 조국인 영국에서 이를 반대했다. 대처수상이 반대에 앞장을 선 것이다. 그래서 나온 것이 **신자유주의**이다.

지금도 EU라고 하는 것이 그렇게 해서 통일이 되었는데 **통일이 잘 되면 생산력이 8배로 장성하게 되어 있다.** 그런데 이를 소화시킬 수 있는 시장이 있어야 하는데 시장을 확대하지 않고, 시장이라는 것이 결국은 동구나 아프리카로 넘어가야 되겠는데 그저는 안 주자 하니 되겠는가? 그러니까 흐지부지하고 자신들끼리 싸우게 된다.

이 문제를 해결하는 데서도 역시 동맹국가들이 큰 테두리 안에서는 전 세계의 빈부의 차이를 없이 하기 위해서 어떻게든 도와주어야 한다, 잘 사는 나라들을 희생시키지 말아야한다. 잘 사는 나라를 희생시키는 것은 **평균주의**이다. 그렇게 하지 말고 잘 사는 나라들은 상대적으로 계속적으로 잘 살게 놓아주면서 자율적으로 세계협력에 참가하도록 만들어야 한다.

잘 못사는 사람들의 세계적인 경제협력이 무역적으로 0,7%밖에 안 된다. 다 잘 사는 나라들이 이들을 이끌어 협력하게 되면 경제가 얼마나 빨리 발전하겠는가?

그러므로 여기서 민주적인 세계질서를 세우는 데서도 실력이 있는 나라들끼리 동맹을 우선 강화하고 지휘하는 중심이 있어야 한다. 그래서 경륜(knowhow)을 살려서 세계적인 기업을 만들어서 싼 가격으로서 생활보장을 해준다든지 하는 이런 대책을 세워야 한다.

제3세계가 자립할 수있도록 발전을 도와주면서, 상대적으로는 발전된 나라들은 계속 발전해나가야 한다. 발전된 나라들의 사장되어 있는 생산수단을 그냥 내버려두어서는 안 된다. 결국은 자본주의의 개인주의적인 창의성을 발휘하는 것도 평가해주어 전 세계적으로 협력을 강화해가는 방법으로 나아가야한다.

그러면 아마도 지금 발전도상에 있는 나라들을 그 수준을 높여서 자립적으로 경제를 발전시킬 수 있게 되고 **세계시장에서 서로 협력하게 되면 세계시장이 10배로 넓어질 것이고 경제발전 수준이 지금보다 몇배로 향상될 것이다.** 그런데 사람들이 협력을 못한다. 발전하려면 협조를 해야 하겠는데 협조에 참가하지 못한다.

경제적 협조를 강화하는 문제와 발전된 노동창조력을 평가해주는 것을 결합시켜야 한다. 그래서 경쟁력을 강화하고 동시에 실업자를 없이 하고, 실업자를 없이 해서 서로 협력하도록 하는 것이 경제발전에 유리하다. 전 세계적으로 협력을 강화하는 문제와 발전된 나라의 인민들이 상대적으로 잘 살게 하는 경쟁을 결합시켜야 한다.

2. 인간중심 민주주의사상으로 이념당 건설을: 세계의 민주화전략 3가지

그런 체제를 세우자면 첫째는 폭력을 없이 하고, 평화로운 질서를 세워야 하고 그 다음에는 경제적 질서를 세워야 한다. 그것도 동맹을 통해서 지휘하는 데가 있지 않으면 안 된다. 왜 이를 역사적으로 생각을 하는가? 역사는 자꾸 발전하는 것인데 제국주의 단계에서 세계의 민주화가 가능하겠는가? 가능하지만 해결해야할 문제가 있다. 즉 민주주의 지도이념에 대한 사상이 앞서 나가야 되겠는데, 현실은 경제보다 이 문제가 뒤떨어져 있다는 것이다.

이는 **세 번째로** 민주주의 이념을 갱신하고 그래서 세계적으로 민주주의적인 이념의 통일을 실현해야 한다. 제일 좋은 것은 **민주주의 이념당을 건설**하고 **국제적인 이념당**을 만들어서 사람들을 **민주주의사상으로 결합하는 문제**를 통일적으로 발전시켜나가면 제일 좋은데 이것이 먼저 앞서야 한다.

세계의 사상적인 통일이 되어야지 세계의 민주화가 된다. 이것도 역시 일정한 국제주의적인 동맹을 통해서 **세계의 민주주의 이념연구사업**을 공동으로 하여야 한다. 지금 그저 통일이 되는가? 미국과 같은 위대한 나라를 건설해 놓고서도 절반은 **다윈의 진화론**에 대해 반대하는 의식수준이다. 그러므로 세계의 민주주의 지도이념으로서 교양하는 중심을 만들어야 한다. 그것도 동맹에 기초해서 해야 한다.

그 다음에 어떤 방향으로 나가야 하는가를 두고 경험이 부족한데 민주주의를 한 나라 범위에서 모범적인 나라는 미국이다. 미국은 합중국인데 합중국인 연방주의를 통해서 민족주의를 극복할 수 있었다. **유럽을 연방제로 하여야 한다는 사상은 레닌이 착상했다.**

레닌의 구상은, 유럽이 발전된 나라들인데 유럽합중국을 만들어서 공산주의로 나아가는 도중에 연방제가 필요하니까 처음으로 제기하였다. 계산에 의하게 되면 생명력이 8배로 올라가게 되어 있다. 무슨 조직이 구체적으로 나온 것은 아니다. EU가 조직하게 된 것은 미국과 일본과의 경쟁에서 유럽이 승리하기 위해서 만든 것이다. 그러나 그대로 되나? 시장을 개척하지 않고서는 안 된다. 시장을 개척하자면 세계의 민주화에 대한 이념을 가지고서 아프리카 등 제3세계를 도와주는 것이 동시에 유럽을 도와주는 것으로 생각하지 않으면 안 된다. 먼저 도와주어서 협조를 하도록 끌어다니도록 하는 것이 유리하다. 실업자를 도와서 실업자가 같이 협력하는 것이 유리하다는 이런 생각이 없다. 계속 잘 사는 나라는 그대로 유지해나가자 이렇게 생각하는 것이다.

①결국은 **미국식으로 먼저 연방주의로 해서 세계를 민주화하는 방향**이 있다. 한 나라 안에서는 미국이 성공했다. 민주화를 해나가야 하는데 그 방법으로서도 난관은 있었다.

②**다른 하나의** 가능성은 미국이 한 개의 경제권을 만들어서 통일이 되고, 아시아가 하나의 경제권으로 통일이 되고 유럽이 하나의 경제권으로 통일이 되고, 거기에다가 아프리카를 경제권으로 하여 3-4개로 나누어서 점차적으로 협력해나가는 방향이 있을 수 있다.

③**셋째로는** 집단주의라고 하여 소련의 집단주의는 안 된다. 사실 집단주의의 가장 중요한 것은 개인과 집단의 관계인데, 소련의 집단주의는 개인주의를 반대하는 것이다. 그것은 독재로 될 수밖에 없고 계급이기주의로 될

수밖에 없었다. 집단주의의 운명을 같이 극복해나가기 위해서는 서로 협력하는 것을 기초로 하면서 개인주의의 가치도 귀중히 여기는 것이다.

3. 중·미의 발전은 양 체제의 결합에서

글로벌시대에 즈음하여 한·중관계의 협력을 위해서는 민주주의가 개인주의에 기초해서 집단주의를 받아들이는 방향에서 민주주의의 발전방향과, 집단주의로 출발하면서 개인주의의 장점을 결합시키는 두 가지 방법이 있다. 무조건 다 사랑해야 된다면서 집단주의 하나에 철저하게 기울어진 것이 **기독교**이다. 그런데 집단주의의 장점은 통일되어서 결합하여 협동하는 것이고, **개인주의의 장점**은 다양한 사람들의 욕망과 창조성을 최대한으로 발양시킨다고 하는 데에 장점이 있다. 이 둘을 결합시켜야 한다.

그래서 지금 중국은 그런 이론을 가지고서 결합시킨 것은 아니지만 그런 방향으로 나아가고 있다. 이 사람들은 계급주의적 집단주의를 하다가 세상에 그렇게 혼난 민족이 없다. 1958년에 정말 상상하기 어려운 난관을 겪었다. 그래서 이 사람들이 벌써 60년대에 들어와서부터 더 이상 이래가지고서는 안 되겠다면서 모택동은 비판을 받아 주석직에서 물러났다. 그런데 큰 나라라고 하는 것이 기성화된 어떤 사상을 뒤집기 힘들다. 등소평, 유소기 등의 일파가 실용노선을 표방했는데, 강청 비롯하여 4인방의 반대파가 나와 문화대혁명까지 일으켰다.

그래서 그 전에도 생각한 것으로 이 사람들이 시장경제를 도입해야 되겠다는데 그러나 자기네들이 수천만명을 죽이면서 2만5천리 장정을 했는데 정권을 내주고 싶진 않았다. 정권을 계속 유지하면서 시장경제를 도입할 수 있는 방법이 무엇인가? 이렇게 자꾸 생각했다. 집권의 과정에 세계 도처에 다니면서 이것을 연구했다. 결국은 시장경제를 도입했지만 처음에는 한심했다. 그런데 이를 현실에 맞게 **당내 민주주의를 개선**해 나가면서 **지금은 상당히 시장경제를 사회주의와 통일성을 잘 보장하면서 해나갈 수 있게 되었다.**

종교에서 가톨릭과 프로테스탄트가 처음에는 전혀 반대되는 것으로 되어 있었는데 점차 영향을 주면서 지금은 비슷해졌다. 차이가 별로 없어지게 되었다. 이런 식으로 해서 세계의 민주화가 실현될 수 있는 가능성도 있다.

이런 의미에서 아무런 고생도 못해보고 고르바초프가 문제이다. 소련의 지난 70년 동안 정말 상상할 수 없이 고생해온 것을 두고 등소평처럼 타협하는 방식으로 했으면 그리하여 러시아와 중국하고 힘을 합치게 되면 미국에다 영향을 줄 수가 있었다. 서로 영향을 주고받게 하게 되면 세계의 민주화가 빨리 된다.

그런데 고르비가 왜 등소평 식으로 안 했는가 하는 것이다. 어째서 자기네 선조들이 해놓은 것을 다 부인하고서 공산주의와는 반대로 돌아갔는가 말이다. 혁명에 조금이라도 가담한 사람이라면 그렇게 행동하지 않는다. 당시에 중국사람들은 고르비를 사람같이 보지 않았다. 중국의 시장경제는 처음에는 늦어보였는지 고르비는 이를 하나도 수용하지 않았다. 사회주의에 대한 실천적 경험이 전무하였기 때문이다. **결과적으로 오늘날 고르비를 추어주는 것은 사회주의가 망하는데 공로가 있었기 때문인데 사실은 자본주의를 하는 사람들이 그렇게 하는 것으로 쏘련을 내용을 모르고 하는 말이다.**

Ⅴ. 한민족이 양 체제의 결합으로 민주주의 발전을 선도해야

결론적으로 세계의 민주화를 위해 이상의 3가지 가능성이 있지 않나 살펴보았다. 다시말해 ①연방제를 확대하는 방식으로, ②지역별로 통일을 해서 통일을 해나가는 방법하고, ③체제가 집단주의에 기초한 개인주의, 개인주의에 기초한 집단주의 이 둘이 서로 장점을 가지고 서로 경쟁하면서 영향을 주어 통일하는 방법의 3가지가 있지 않나 하는 것이다. 이것들은 확정된 것이 없고 연구를 해가야 하지만, 그러나 세계는 아직도 이런 것까지 생각을 안 하고 있다.

오늘 일본이 인권문제와 관련하여 납치자 100명을 자꾸 거론하는데 일본인들의 인권에 관한 사상이 높은 것은 칭찬해줄만 하지만 태평양 전쟁 때 310만이 희생되었는데 어느 것이 과연 더 중요한가? 그런데서 인권과 세계의 민주화에 대해서는 대승적 견지에서 볼 필요가 있다. 오늘 존 볼턴의 회고록 <그 일이 일어난 방>이 나오면서 북미정상회담 무산의 뒤에는 일본이 있었다는 얘기가 터져나오고 있는 데서도 일본은 한반도 통일의 방해세력임을 알 수있다.

따라서 현재상태에서 한국은 중국과의 관계를 잘 가지는 것이 필요하다. 중국을 공격하거나 불만을 얘기하기보다는 설득하여 함께 가도록 해야 한다.

북한도 중국식으로 개방 개혁하도록 독려해가야 한다. 물론 체제보장이 선행되어 평화조약을 맺어 한반도에 평화가 정착되어야 할 것이다. **이렇게 되면 남·북관계가 평화적으로 결합되어갈 수 있는 길도 열릴 수있을 것이다.**

만일 중국이 우리가 얘기한 것처럼 개인주의의 장점과 집단주의의 장점을 결합시키는 것이 **민주주의 발전의 기본방향**이라고 확고하게 인식하면서 신념을 가기고 그런 방향으로 나간다면 50~100년 지나면 미국을 앞설 수 있다. 그런데 이 역할을 남북이 하여야 한다는 것이 우리의 생각이다. 그렇게 되면 서로 영향을 주게 된다.

결론적으로 동학·천도교의 인내천(人乃天)주의 등 한국의 인간중심주의 정치철학으로 남북이 손잡고 미·중의 개인주의 민주주의와 집단주의 민주주의의 양 체제의 장점을 취합하여 협력관계를 도모해갔으면 하는 것이다.

그리하여 창의적인 통일조국을 이루어 한민족공동체로 동북아의 번영과 세계의 영구평화를 이끌어 갔으면 한다.

* 본고는 황장엽선생의 주체사상 강의를 듣고, 통일 민주주의의 완성을 위해 동학·천도교의 인내천(人乃天)사상과 결부하여 정리해본 글이다.

참 고 문 헌

박승옥(햇빛학교이사장), "한반도 평화체제, 한반도 중립화로부터" 프레시안(2020. 8. 22)

이인영(통일부장관), "정세변화로 한반도 평화 필연적 도래" 동아일보(2020. 7. 29)

정창현(평화경제연구소장), 정수일 저술서평『민족론과 통일담론』. 통일뉴스(2020. 8.17)

강정구 번역, "'신냉전'을 대비한 새로운 경제발전 패턴을 가속화하는 중국" 인민일보(加快形成新發展格局)(2020. 8. 16. 제1면).
"미국의 대중(對中)정책, 무엇을 버리고 무엇을 취할 것인가?" 환구시보(美對華政策未來四年何去何從)(2020. 12. 14)

박노자(노르웨이 오슬로대학교수, 한국학), "신냉전 시대에 절실한 '외교적 거리두기'의 지혜" 한겨레모바일, 칼럼 [박노자의 한국, 안과 밖](2020. 8.18)

박병환(전 러시아공사), "착한 외세가 있을까?" 중추사칼럼(2020. 8. 25)

정수일,『민족론과 통일담론』통일뉴스(2020. 6. 25) pp. 204.

윤태룡, '한반도 중립화통일론' 영상강좌(2020. 12. 26).

황장엽,『인간중심철학원론』(시대정신: 2009. 11. 10) pp. 543.
『민주주의 정치철학』시대정신: 2010. 4. 12) pp. 467.

Herz, Frederick, *Nationality in History and Politics: A Psychology and Sociology of National Sentiment and Nationalism,* (London: Routledge & Kegan Paul Ltd.,1951) pp.417.

Hayes, Carlton J. H., *The Historical Evolution of Modern Nationalism* (New York: The Macmillan Company, 1931) pp. 327.

後 記:

왜 중립화 통일인가?: 민주주의의 완성으로

지난 경자년에는 주로 중추사(중립화통일을 바라는 사람들의 모임) 활동을 하느라고 바쁘게 지냈다. 강단에서 이론을 펼쳤다고 보고 정년 후로는 이를 실천하기 위해 노력하고 있다고 할 수 있겠다(事有必至, 理有固然).

마침 중립화 통일에 관심을 가진 여러 선배·동지들을 만난 것도 인연이며 한편 이들과 함께한 것을 독립운동의 선각자들처럼 운명적 만남으로 받아들여진다.

평화통일을 위해 중립화의 접근방법에 관심을 가지면 신심(信心)이 생겨날 것으로 보여진다. 과유불급(過猶不及)이라는 말이 있듯이 중립화의 전략관계의 역설의 논리를 이해할 필요가 있다. 고양이와 쥐가 막다른 골목에서 사생결단을 벌이듯이 우리는 단선적 논리를 뛰어넘어 전략적 관계의 역설적 논리까지 고려할 만한 능력을 가져야 한다는 것이다.

이제는 대부분의 국가가 막대한 군사적 파괴력을 가지고 있기 때문에 진정한 고수(高手)는 적국을 패배시켜 정복하는 것이 아니라 상대방과도 상생하며 공동안보(common security)를 추구하는 지도력을 발휘하여야 한다.

씨앗이 썩어야 싹이 나듯이 근본적인 변화는 미래를 내다보며 양보, 희생하고 상대방의 마음을 움직임으로써 가능해진다. 겉으로는 지는 것 같은 행동이 결국은 함께 승리하는 길을 열게 된다는 것이다. 이와 같은 비전을 가진 능력 있는 지도자를 만난다면 국민은 행복해진다.

좀 더 이론과 관련하여 중립화개념을 살펴보기로 하자. 대충 열 가지 정

도의 주제가 소개되어질 수 있다.[21]

첫째가 먼저 실현가능성이 있는 통일정책을 제시하여야 한다는 것이다. 2000년 6·15 남북정상회담에서는 국가연합제와 연방제의 공통점을 바탕으로 지양하자고 했다. 미국을 위주로 연방제 국가가 20개 안팎이다. 우리가 연방제를 제대로 알아야하는 이유이다.

다음으로 기존의 통일방안(국가연합과 연방제 등)들은 남과 북이 어떻게 합치느냐 하는 한민족간의 통합과 관련된 內治의 문제이고 여기서 중립화 통일방안은 통일코리아의 外治, 외교정책에 관한 것이다. 남북의 체제가 너무 다르기 때문에 서로 위협을 느낄 수 있는 상태에서 양당사자 중에 하나가 각기 별개로 중립국이 되는 것이다. 누가 먼저 중립국이 될 경우에는 다른 일방은 중립화의 보장국으로 참여하면 된다. 함께 나아가는 쌍순환 전략이라고 할 수 있다.

둘째는 중립화통일은 현실론이 아니고 이상론이라고 비판하는데 국제정치의 이론(현실주의, 이상주의, 자유주의, 구성주의 등)을 살펴보면 사실은 중립화가 상호균형을 이루는 가장 현실적인 것임을 알 수 있다. 북한 붕괴론을 비판하는 진보적 성향의 사람들은 중간을 택해 남북이 합의할 수 있는 가장 현실적인 대안이라고 보고 있다. 중립화 회의론자들은 남북관계의 현실을 두고 중립화 통일방안은 너무 동떨어져 있다고 한다.

그러나 사실은 모든 통일은 이상주의적이라는 것이다. 아큐정전(阿Q正傳)에서 루신은 아큐논법으로 정신적 승리, 정신승리법을 말하고 있는데 여기서도 이상주의의 비판을 칭찬으로 받아들인다. **이상은 믿음이요, 믿음의 완성은 실천이다**. 믿음에 실천이 없으면 그러한 믿음은 아무 소용이 없는 것이다. 행함이 없는 믿음은 그 자체가 죽은 것이다.

---

21) 윤태룡 교수의 '한반도 중립화통일론' 영상강좌(2020. 12. 26)를 참고하였다.

셋째는 그러면 이상적인 것은 꼭 부정적인 것으로 보아야 하는가? 예를 들어 변절자들이 득세하며 독립을 포기하는 엄혹한 일제치하에서 독립을 주창하는 이상주의자가 없었더라면 과연 해방이 되었겠는가. 독립의 이상주의자들이 해방을 꿈꾸며 실천하지 않았다면 과연 이상이 현실이 될 수 있었겠는가. 이렇게 볼 때 이상주의가 없으면 독립은 영원히 쟁취할 수 없었다는 것을 알 수 있다.

또 이상의 실현을 위한 배움에는 뜻을 세우는 것보다 앞서는 것이 없다. 뜻이 바로 서지 않고서도 공부를 이룬 경우는 아직 없었다. 율곡의 저서로 『대학』을 뛰어넘은 제왕학의 교재인 『성학집요(聖學輯要)』에서도 가장 큰 특징으로 이상을 세우는 입지(立志)를 중요시 하였다.

넷째는 따라서 우리는 꿈을 꾸어야 한다는 것이다. 꿈의 다른 말은 희망이다. 꿈이 없으면 앞으로 밝게 나아갈 수가 없다. 더 나은 미래, 더 나은 공동체를 향한 꿈을 가져야 한다. 민주주의의 꿈을 꿔 독재를 이길 수 있었듯이 현실에 불만이 있으면 뜻을 세워야 한다. 역사의 발전을 위해 이상을 품고 끊임없이 노력하여 드디어 꿈은 이루어지게 된다. 오늘의 작은 변화가 내일의 엄청난 변화를 가져올 수 있다.

그런데 이 경우 역사적 기본적 사실에 대해서는 정확해야 한다는 것이다. 예를 들어 분단의 경우 그 책임이 누구에게 있는가 하는 것이다. 분단은 북에 의해서가 아니라 1945년 해방 며칠 전에 미국이 소련에 38도선을 제안하여 그어진 것이다. 이 분단이 전쟁을 일으키고 전쟁으로 분단이 고착된 것이다.

다섯째 지정학적 위치에 관한 얘기이다. 비판론자들은 중립화가 되면 동맹을 깨야 하므로, 호전적인 북에 대해 재래식 군사력의 세계 6위의 한국을 두고도, 아직도 약소국이라며 한미동맹을 맺어야 한다고 한다.

그러나 미국이 천만년 패권국가로 간다면 모를까 역사는 변하는 것이다.

지금은 미국은 쇠퇴하고 중국은 부흥하고 있다. 한 때는 중국도 패권국가로서 주변 국가들이 조공을 바치고 보호를 받으며 살아갔다. 당시는 미국은 동양에 대해 떨어져 있었다. 앨리선(Greham Allison)교수는 펠로폰네소스 전쟁을 예로 들며 보통은 신흥국가가 패권국가로 떠오르는데 그리스의 아테네와 스파르타를 사례로 들고 있다.

지금 약소국 환자로, 약소국 병(mentality)에 걸려 있는데 만약에 통일이 되어도 그럴까. 북은 재래식 무기 기준으로 세계 25위이지만 핵무기가 있다. 남은 6위이다. 따라서 약소국이 아니라는 것을 인식해야 자존감(주체의식)을 깨닫게 된다. 자존감을 회복해야 한다. 통일이 되면 누구도 손을 못 댄다. 남북이 협력과 진보의 중심이 되면 주역으로 세계사를 이끌어갈 수 있다.

남북관계는 더 이상 북미관계의 종속변수가 아니다. 남북관계의 독자적인 개선노력과 과감한 실천을 통해서만 설득력을 갖는다.

여섯 번째로 중립화는 약소국가만 하는 것이라는 오해가 있다. 스위스, 투르크메니스탄, 코스타리카(무장해제) 등이 있기는 하지만 이는 국정운영의 기술(statecraft)의 문제이다. 우리 민족의 염원을 이룩하는데 도움이 될 수 있느냐 하는 것인데, 금세기 지구상에서 세계 4강의 이해가 첨예하게 대립하고 있는 유일한 지역이 한반도이다. 지금은 미국도 서태평양 상에 미군이 주둔하고 있는 땅이 있다. 러일전쟁, 6·25 등에서 볼 수 있듯이 한반도는 전쟁터가 된다는 것이다. 엘리슨교수는 북한 문제가 기폭제가 될 것이라고 한다. 만약에 한·미·일과 북·중·러가 부딪치면 세계대전이 되어 지구가 날아가게 된다.

일곱 번째 중립국은 주권을 제약하는 것으로 지금처럼 동맹을 맺을 수가 없어 결과적으로 공산화의 길로 들어간다고 비판하고 있다. 그리하여 우익학자들은 중립화 통일론자들을 공산주의라고 매도하고 있다. 그런데 공산주의는 실패한 이데올로기로 판명이 났고 또한 엄밀한 의미에서 북한은 공산주의, 사회주의도 아니다. 무늬만 사회주의이다. 옛 공산국가와 비교해도 쇄국사회이다. 중동에서와 같이 오히려 왕국(Kingdom of North Korea)과 같다.

그러나 동족인 것을 두고 북을 적대시하는 한미동맹은 냉전시대의 유물이며 판문점선언과 평양선언의 취지에 맞지 않는 분단 바이러스이다. 국제정치는 변화무쌍한 것이다. 한미동맹이 영원한 것으로 믿는 이들은 한마디로 국제정치의 문맹자들이라고 할 수 있다.

여덟 번째로 민족상잔으로 인한 장기간에 걸친 적대적 분단으로 하여 평화공존과 상호교류가 선행되어야 한다는 것이다. 통일지상주의 보다 남북체제는 너무나 상이함으로 통일의 염원을 간직하며 상호 수렴의 시간이 필요하다는 것이다(Haste makes waste).

아홉 번째로 북조선 당국도 궁극적 민족통일을 위해 현재의 전체적 권위주의체제에서 정상적인 민주주의체제, 민주공화국으로 거듭나야 한다는 것이다(Slow and steady wins the race). 북한이 개혁으로 경제성장을 이룰 때에만 장기적인 남북 평화공존이 올 수 있다는 것이다.

그러나 개인주의 자본주의의 남한에 비해 사회주의 평등의 장점인 집체정신이 남아있는 것은 사실이다. 북은 공산주의에 의한 독립운동세력이 주축이 되어 사회주의의 조선민주주의인민공화국을 세웠다. 자주성이 있는 국가라는 것이다. **자주의 나라를 위해 자주는 모든 생명체의 지고(至高)의 가치이다. 북조선 사람들은 민족애(愛)가 가장 고귀하다고 여기는 것 같다.**

열 번째로 대북적대시 정책은 역설적으로 북조선의 현 정권을 유지시켜 주는 가장 큰 외부위협으로 작동하고 있는 것이다. 실로 북조선이 일상적인 민주주의 국가로 변화하길 바란다면 자체동력으로 변화할 수 있도록 체제

보장을 제공해주어야 한다. 남한의 극 보수 우익세력들이 명심해야할 부분이다.

전략적 관계는 역설적 논리가 작동함을 유의하여야 한다. 북이 붕괴되기를 바란다면 적대적으로 밀어붙이는 것이 오히려 현재의 북 체제를 유지시키는 원동력이 된다는 것을 인식해야 한다는 것이다.

여기서 차제에 국가보안법에 대해 말해보고자 한다. 일제의 치안유지법과 군사독재의 합작물이 반공법인데, 지금까지 존속해온 것이다. 사회주의와 자본주의는 자유와 평등의 가치를 어디에 더 중점을 두느냐의 차이이다. 1989년 미·소 간에 냉전의 종식선언으로 탈냉전의 시대를 맞아 더 이상 정의나 도덕의 문제가 아니고 양심과 가치관이 문제가 된다.
그리하여 냉전종식으로 노태우 정부의 남북기본합의서가 나왔다. 남북이 UN에도 동시가입을 했다. 서로 다른 체제를 인정하고 존중한다는 것이다. 이 화해협력과 평화공존의 정신은 역대정권에 계승되었다.
그리하여 원칙적으로는 1989~91년에 헌법을 고치고 국가보안법을 폐지했어야 했다. 탈냉전시기에 즈음하여 반북이 비난을 당하고 친북이 오히려 치하를 받아야 하지 않은가? 이러한 모순과 자가당착을 두고 우리는 이제라도 북을 제대로 알아야한다.

지금이라도 평화통일의 정책을 펼치려면 북 체제의 특징을 알아야한다. 구동이존(求同異存)의 접근을 해야 한다는 것이다. 더 이상 친북이니 종북이라는 말이 좌경이니 용공이라는 표현으로 매도되어서는 안된다.

따라서 객관적으로 북을 제대로 공부하여 인식할 수 있어야 한다. 남북이 화해협력과 평화통일을 위해서는 국가보안법으로 조작되고 왜곡된 이상의 적폐들은 중립화 통일운동을 위해서 불식되어야 한다.

보충설명을 하면 사실 사회주의는 이미 자본주의에도 영향을 미쳐 수정자본주의의 형태를 띠어 긍정적인 영향을 크게 미쳤다고 할 수 있다. 국가가 나서서 국민의 기본적인 복지를 제공하는 것이 사회주의의 원래 사상이다. 그러니 사회주의 사상이 인류의 보편적인 발전에 아무런 기여를 못했다고 하는 것은 잘못된 것이다.

북은 물질보다 사람을 중시하고 자주적이며 주체적으로 살아가자는 철학을 가지고 있다. 남이 비자주적이고 종속적인 현실과는 대조적이다.

국제사회에서 홀로서기에 실패하면 강대국의 전쟁에 휘말려들어 수모를 겪게 된다. 월남전 참전이 그러하다. 한미동맹의 반대급부의 결과이다. 베트남의 독립운동으로 우리 입장에서는 월남전 특수로 일정한 혜택을 보았지만, 역지사지(易地思之)해 보면 남의 불행을 나의 발전의 기회로 삼은 것이다. 일본의 요시다 전 총리가 6·25를 일본을 위해 하늘이 준 카미카제 특수라고 했는데 우리도 월남전 파병으로 근대화의 초석을 놓게 된 것과 비유된다.

이와 관련하여 저명한 국제정치학자 Glenn Snyder가 고안한 개념이 있다. 동맹정치에서의 딜렘마가 그것이다. 강대국(미국)과 동맹관계의 밀착(commitment)의 정도에 따라 연루(entrapment)와 포기(abandonment)의 공포(fears)의 진퇴양난(進退兩難)에 빠질 수밖에 없는 운명이라는 것이다. 바로 안미경중(安美經中)의 외교가 이러한 경우라고 할 수 있다. 바로 이 난관의 극복을 위해 우리가 중립화 통일논의에 관심을 가지는 대의명분이라 할 것이다.

이상으로 중립화 통일방안의 정착을 위해 몇 가지 주요쟁점들을 살펴보았는데, 이제 냉전의식의 질곡을 벗어나 한민족의 이름으로 평화와 통일 그리고 번영이 국가 민족의 큰 목표가 되어야 한다. 한민족의 자주, 평화, 번영, 통일의 문제를 새삼 돌이켜보게 된다.

그리고 평화통일을 위해서는 궁극적으로 정치이념의 문제가 제기되는데, 본고에서는 이 연구에 주안점을 두기로 한다. 중립화 통일이 성공적으로 뿌리를 내리기 위해서는 '한국민족주의와 통일'의 문제를 이념적으로 정립함으로써 비로소 한반도 중립화를 위한 평화통일학이 완성되어지는 것이다. 그래서 앞에서 언급한 중립화 과정의 여러 쟁점들을 유의하면서 단계별 유기적 접근으로 통일운동을 전개해가야 할 것이다.

남의 개인주의 민주주의와 북의 집단주의 민주주의를 변증법적 대립물의 통일로 접근하는 통일 민주주의가 완성되어야 한다는 것이다. 그래야 우리는 마음 놓고 평화적으로 통일운동에 박차를 가할 수 있게 될 것이다.

홍익인간(弘益人間) 이화세계(理化世界), 동학(東學)·천도교(天道敎)의 사인여천(事人與天)과 인내천(人乃天)을 통한 완전한 민주주의의 완성으로 미·중의 이념적 대결구도를 극복하여 동북아의 평화와 세계일가 건설을 우리 한반도에서 한민족 공동체의 화쟁(和諍: 대립적인 이론들을 조화롭게 하나로 귀결시킨 화합의 진리체계)으로 이끌어 갔으면 하는 것이다.

민족통일학

– 발전의 변증법으로 –

편저자 | 노태구

발행일 | 2021년 5월 10일
발행처 | 부코
ISBN | 978-89-90509-55-0 03340

출판 등록번호 | 제22-2190호
출판 등록일자 | 2002.08.07

홈페이지 | www.booko.kr
트위터 | @www_booko_kr

전화 | 010-5575-0308
팩스 | 0504-392-5810

주소 | 서울 서대문구 북아현동 3-68 부코빌딩 501호
메일 | bxp@daum.net

저희 출판사는 여러분의 소중한 원고를 기다리고 있습니다. 메일로 투고해주십시오.

백자의 사람

일본에서 통산 200만부 판매!
이 소설로 인해 일본은
한국을 사랑하게 되었다.
한국의 흙이 된 일본인
전격 영화化 결정!
CJ Entertainment 배급!!
욘사마 배용준을 잇는
한류스타 배수빈 출연!!!
한국영화진흥위원회 선정
제1회 외국 영상물 로케이션
지원사업 대상大賞작 선정

천사의 눈물

저자는 뉴욕 주립대학교에서 경영학을 전공했다. 대기업에서 M&A 등을 담당하며 기업인으로서 역할하는 한편 시나리오, 방송 대본, 소설, 희곡 등의 창작인으로도 왕성하게 활동하고 있다.

본 소설은 영화 [클래식]과 [그레이의 50가지 그림자]가 절묘하게 융합된 듯하다는 평단의 극찬이 있었다. 대하소설급의 방대한 분량에 펼쳐진 장엄한 사랑의 대서사시가 감동적으로 그려져 있다.